TZUCHI

TZUCHI

咱厝

徵人啓事

JOIN US

許斐莉、温寶琴等——著

目錄

特色，點點名

變，我變變變

有愛，無所不在

笑瞇瞇，呷百二

【推薦序／陳竹琪】

藏寶圖與藏經閣

那是一個素樸的夏日黃昏，她微胖的身軀靠著我，拉著我的手洋洋得意地說：「我坐在火車上，看到一個寶特瓶掉在走道，跟著火車搖搖擺擺，在地上滾過來又滾過去；我想去撿，卻怕丟臉。可是我看著它，心裏就想，那是大愛臺的五毛錢，怎麼可以在地上流浪，實在真無彩（可惜）。實在看不下去，不管這麼多了，就去把瓶子撿起來，趕緊收進我的袋子裏，然後覺得好開心，這是咱大愛臺的五角銀呢！」她說這話時，一雙眉目笑得彎彎的，像當晚的月亮，有光，映照在我心中。

二〇〇二年起，全臺慈濟環保志工回收所得，挹注成為大愛電視臺營運基金，從一個寶特瓶的「惜命命」，堆砌出一個淨化人心的宏願。又過了幾年，那寶特瓶更爭氣了，乘著慈悲科技的翅膀，化身成一件件賑災毛毯，飛越風、穿過雨，庇護著多少苦受風寒的身子，毛毯跟愛一樣，厚實而磅薄。

環保站是一張藏寶圖，非得親自踏步進來，才知寶物何在。環保站也是一座藏經閣，收藏了滾滾塵世中那些不為人知的故事。有人在這裏療癒了心傷，有人在這裏養出肌耐力，有人看破富貴如浮雲，更有人在遲暮之年照見了晚霞餘暉。

入夜後，月亮升起之際，靜子阿嬤就會去先生的遺像前，這樣說：「老公，我要出門撿環保囉，你要保佑我一路平安，保佑我們可以一直看大愛臺。」然後她上工了，街頭巷尾沿路撿拾，也會在公共垃圾桶旁張望，只要可回收的，一個也不漏下，通通放進小推車，打包回家。

曾經，靜子也跟大家一樣，白天出門做環保，但偶爾總會遇到拾荒者，激發了她「不與艱苦人爭利」的念頭，於是把白天留給別人，自己改上大夜班。這一撿，悠悠十五年了，刮風下雨她也不休息。問她為什麼這麼辛苦？她只說了一句：「如果沒有大愛臺可以看，我們會很可憐。」我無法接話，因為眼裏有淚。

環保從來不是輕鬆的活兒，祁寒溽暑勞其筋骨。能將「辛苦」轉化為「幸福」的觸媒，是內心一分「甘願」。那彎腰撿拾的身形，像一個深深的鞠躬，是對大地低頭謝恩，更是一種甘勞覺道的明白，在喧囂的煙火人間，他們清濁自明。

多次採訪環保志工的過程中，常聽到這樣的說法：「我憨慢講話（拙於口才），我只會做。」對於他們在鏡頭前的木訥少言，一開始我總是很懊惱，慢慢地隨著年歲成長，我也終於明白「水深則流緩，人貴則語遲」的深意。

站在慈濟環保三十年的時代刻痕上，很榮幸能與人文真善美志工，共同書寫屬於環保的詩篇。

謹以此書，獻給每一雙護持大愛的風霜之手，更歡迎您尋著《咱厝徵人啟事》來毛遂自薦，共譜屬於這個世代，最金碧璀璨的故事。在扉頁與字裏行間，有我們躬身禮敬的心意。

（本文作者為大愛電視臺新聞部經理）

輯一

特色，點點名

聚福園——屈尺環保站

沈玉蓮

新店溪，是臺灣北部淡水河系三大支流之一，青山環繞、綠水盈盈，是遊客流連忘返的風景區。新店溪流擔負著大臺北地區用水及發電的重任，為了維護水源保護區的乾淨，有一群志工用他們的雙手保護著這片山河。

一九九六年，在新烏路上經營機車行的林美麗，從力霸友聯電視臺看到證嚴法師倡導「用鼓掌的雙手做環保」，就從回收機車行報廢的東西開始，將回收物交給慈濟，接著帶動社區居民投入環保。烏來社區的環保志工遍地開花，擴展到整個烏來風景區、福山、屈尺及水源保護區。

回收的東西愈來愈多，分類或運送都超過人力負苛，集中分類與堆放已是當務之急。

徐雪英發願在當地能有個環保站，多方奔走之下，她的願力感動了長期護持慈濟的蔡文基夫婦，提供屈尺國小旁一塊四百多坪的空地，並參考花蓮靜思精舍設計成小精舍佛堂，出錢又出力協助主體建造，二〇〇九年四月十二日屈尺環保站誕生。

環保站成立後，一邊接引附近居民來做環保，一邊接受學校、機關、團體參訪，擔負起教育環保、推動慈濟人文、生態保育和輕安居（老人日托）的責任。

然而，最大的困難還是人手不足，站長徐雪英說：「當時女人當男人用，男人當超人用，很積極地廣邀鄰近居民來做環保，但位處偏僻山區，菩薩招生談何容易，真的很辛苦！」

二〇一四年，洪志文從明山環保站來到屈尺後，與徐雪英以母子相稱，了解屈尺環保站的困難處，他著手整理，把階梯改成無障礙設施，方便老人家出入。回收物不落地，以防蟑鼠的籠車設計、用掃把桿做連接天花板的日光燈支架、把回收的隔間板改作窗簾、利用推車改良搬運的省力裝置、以壓縮機代替腳踩寶特瓶的設計……種種巧思讓環保站井然有序，成為一個現代化環保兼具整潔、人文、安全的地方。

「這道棧板圍牆本來是鐵皮圍成，欠缺美觀又不安全，我們就把鐵皮整個換成回收的塑膠棧板，做成柵欄是預防小動物跑進來。」除了作業區的規畫與設計外，環保與生態息息相關，徐雪英一直想把環保站經營成一個溫馨的家，來吸引更多人走進環保站，了解環保議題。

在蕭正義及洪志文的協助下，設置「聚福園」，利用廚餘製造有機肥，修改圍牆、闢建生態水池、種植花木水果、培育綠化幼苗、設置蝴蝶園。

如今，小小的生態園區，生態池裏有水草、荷花，有蜻蜓、豆娘，庭園草木扶疏，綠意盎然，鳥語花香、蝴蝶飛揚的生態特色，常常吸引路過的登山客進來參觀。社區民眾也因為花香駐足欣賞，並走進來一起耕耘這塊福地。

做環保守護環境造福外，修慧更為重要。考量居住山區的志工初一、十五不方便到新店靜思堂參與拜經，透過影音設備，固定每星期一共修，利用一小時的時間禮拜《法華經序》；同時在工作中播放證嚴法師開示，或透過大愛廣播臺，讓環保志工邊做環保邊聞法，身心輕安，造福又修慧。

家住環保站附近，人稱「鄰長伯」的陳清水，退休後走入環保站已經十年了。因認同慈濟理念及愛地球的一分心，在環保站內除了負責拆解及較粗重的工作，也開環保車到各回收點，他說：「做環保很開心、沒煩惱，這裏的師兄、師姊都很會照顧人，很有親情，像家人一樣。以前我是做黑手的，開口都沒有好話，接受慈濟人文薰陶，現在收斂了，變得斯文多了。」

每個環保站都搶著要的鍾定均（阿忠），以前是明山環保站的大支柱，一人可以當多人用。明山環保站收掉後，有一陣子轉到新店環保站，因屈尺缺人力，才轉到這裏，他說：「跟著大家的腳步做中學、學中覺、覺中悟，淨化了心靈，讓我的心很安住、很沈靜，這裏就是我的家。」他感恩證嚴法師創造慈濟世界，讓他有機會藉事練心，增強了自信心。

「我來做環保，最高興的是有這麼大的花園，我最喜歡拍睡蓮和荷花，可以聽到蟲鳴鳥叫，那是我最開心的事情，這是別的地方沒有的。」徐玉英從教職退休後，全心全意投入慈濟志業，尤其是環保站；舉凡機關團體或學校師生來參訪，她除了承擔主持人，帶動以環保為主題的團康，並推動慈濟人文。

除此之外，到環保站做環保也成為徐玉英固定的工作，當小

▲ 無論是在屈尺環保站或住家附近做環保，每到年終慈濟志工總會特別舉辦感恩餐會來謝謝大家。（攝影／張義章）

憩的時刻，她常會走到戶外，在生態園區駐足，與花草、小動物對話。徐玉英興奮地說：「尤其春天的時候，好多蜻蜓、蝴蝶，生態都不一樣，令人驚喜，體悟大自然的奧妙。」

有佛堂、有花、有草、有人文、有溫馨的環保站，在環保志工的心裏就是另一個家，每天在這裏做環保已經是生活的一部分，他們愛手上的工作，更愛這個家。

「環保站麻雀雖小，五臟俱全，我們真的把它當成第二個家，幸好有它！」徐雪英站在環保站主體建築小精舍佛堂的門口，看著裏外充滿人文、生生不息的環境，摸摸身上的護腰，心想：「因不忍水源被汙染，能夠和這裏的居民一起用行動來守護大地，能讓世代安居樂業，心願足矣！」她臉上露出欣慰的笑容。

攝影／張義章

■屈尺環保站

地址：新北市新店區屈尺路88號

開放時間：週一至週五／上午8:00～下午5:00

創意發想處——中港環保站

洪乃文

清晨五點多，天還未亮，在那不起眼巷弄裏的新莊中港環保站，已有些志工由「薰法香」拉開一天的序幕。

中港環保站，位在人口稠密的新莊區市中心，五十幾年的老舊房子，佇立在新建大樓旁，格外顯得殘破，但那是新莊環保志工的「寶山道場」，數年來孕育無數菩提種子。

它不只為社區民眾提供資源回收據點，每天進出平均約兩百人，不僅帶動社區年長者發揮良能，也提供機關學校學生服務學習，是身心靈環保的好去處。

一九九〇年底，許文昭啟動了新莊中港環保首頁。她利用已被徵收的空屋，原地政事務所員工宿舍作為環保據點。隨著回收物增加，一九九二年幸運地在中港路「五守新村」尋得一塊較大場地。

剛開始，有人用菜籃手拉車、嬰兒車、腳踏車當回收物運送工具，只要能搬運的全派上用場。隨著回收量倍數成長，迫切需要環保車載運，正巧結束營業的公司捐出一輛二手車，但有了車卻沒司機，許文昭又積極展開人間菩薩大招生。

二〇〇一年五守新村改建，許文昭再覓得銘德街的一塊空地，搭蓋鐵皮屋為環保站。不到兩年的時間，銘德街回收場地逐漸爆滿；在志工的多方努力下，勤益紡織公司提供復興路的工廠用地，作為臨時環保站。

然而，二〇〇四年該地出售，環保站再度搬遷至中港路底；二〇〇六年租下現今的中港環保站，約兩百坪場地。

斑駁的牆壁，陳年的粉塵，凹凸不平的地面，還歷經社區住戶抗議異味飄散，中港環保站挺過風霜雨露十幾寒暑。為了讓年事已高的志工，能有更加安全舒適、明亮整潔的環境，二〇一七年利用四天端午假期，動員百餘人次整修，鋪平地面、重建汙水排水系統、粉刷牆壁、搭建遮雨棚；蔡直製作蝴蝶籠，讓回收物不落地，減少蟑螂、老鼠孳生。有了遮雨棚，即使下雨天也能繼續作業，不用戴著斗笠做環保。

來到環保站，大多數是年歲較高的退休族，七十幾歲的許健一、許賴續夫婦，每天相偕來環保站報到。「鋪平地板，對我們這些有歲數的人比較安全。」許健一開心地表示，營造一個舒適的環境，有利於身心健康。

平均日回收九千多公斤的塑膠袋，其中以市場的水果套袋、夜市銷售衣服的包裝袋、工廠材物料的包裝袋等，為中港環保站回收大宗。「太髒的塑膠袋，回收廠商不要，若不清洗，就會被當垃圾丟棄，不行啊！這會汙染地球呢！」郭吳蘭香為了減少塑膠袋汙染，每天利用回收雨水清洗，但沒地方晾乾，所幸蔡直展現設計長才，在有限空間內發揮巧思，往空中發展，設計自動升降的懸吊晾乾架。

郭吳蘭香表示，有了自動升降懸吊晾乾架，輕鬆又方便，一個人就可以操作，升上空中，不占空間，省時又省力。

蔡直認為，來到環保站的長者，就如自己的長輩與家人一樣，所有的設計，皆以減輕志工的工作負擔與傷害為考量。

大多數的消費者，不知道芭樂塑膠套袋及網套可以回收，而當垃圾丟了，最後進了焚化爐燃燒掉，造成環境極大的汙染。

為了減輕環境汙染與負擔，中港環保站有一群默默付出的志工，經年累月穿梭在各個水果攤商、賣場，宣導與回收這些不起眼，本來要被當垃圾丟棄的又溼、又髒、又黏的芭樂套袋。

每天負責到水果攤商處回收的陳思韻，有感而發地說：「今天不做，明天會後悔，一天十包回收塑膠袋，一年三百六十五天，就是三千六百五十包，以前這些都被燒掉了。」

每天回收極大量又溼、又髒、又黏的芭樂套袋，如何處理呢？考驗了中港環保站志工們。

為了解決芭樂套袋回收的問題，志工們發揮了各種巧思，在有限的空間，從鋪在棧板上晾乾，再垂直往上發展到兩層晒袋架，但晒乾回收的速度，卻趕不上芭樂套袋產生的速度。

為了讓又溼又黏的芭樂套袋打開風乾，志工們必須用力甩開芭樂套袋，經年累月不停甩動，造成手腕與肩膀作業傷害。蔡直體恤志工的辛苦，費盡巧思，貼心設計自動風乾機，不只減輕志工體力與筋骨的負荷，也提高了回收效力。

鄭有指出，有了這臺風乾機，可以減少用手甩的慣性傷害，既方便又縮短風乾時間，減輕志工負擔，加快回收速度，無形當中，志工們也做得很歡喜。之後，蔡直再度發揮巧思，設計了剪寶特瓶

▲ 蔡直將環保站長者視如家人，設計各種輔助機器，減輕志工工作負擔與傷害。（攝影／何百寅）

環扣的自動機器，減少手工工作傷害，也提升寶特瓶回收速度。

「使用這臺機器要隨順因緣，也就是握寶特瓶的手勢要放鬆，讓它自然旋轉，它的環扣就自動剪掉了。」蔡直表示讓機器順暢運轉，不能想要扭轉乾坤、使勁強扭，這樣操作起來才能輕鬆愉快。

負責寶特瓶分類的楊春止開心指出，有了這臺機器對志工來說，輕鬆又方便，也減少受傷，之前為了剪寶特瓶環扣，一不小心就會被剪刀挫傷。

夏天，暑熱逼人，志工們在鐵皮屋頂下工作，格外悶熱難耐。蔡直體貼細膩又加裝了噴霧器，使用逆滲透可以飲用的水，乾淨又衛生，讓志工們降溫消暑。

走過十四年歲月的中港環保站，歷經幾次階段性環境改善，還有一次次的機具設計創新改良，儼然成為一個安全、明亮、整潔的環境，也是接引「人間菩薩」的最佳道場。

攝影／戴龍泉

■中港環保站

地址：新北市新莊區中港路161巷28號

開放時間：每天／上午8:00～下午5:00

玻璃瓶小山——頂美環保站

張裔芳

「噹啷噹啷……」腳步還沒踏進頂美環保站，耳邊已經傳來清脆的玻璃聲，抬頭一看，翠綠的香蕉葉伸出鐵皮圍牆向人招手，牆內一旁矗立著層層疊疊、超過三米高的太空包，形成一座巨大的白牆，裏面裝的全都是回收來的玻璃酒瓶。

頂美環保站是黃富雄及黃南溟兄弟在二〇〇九年七月，將其家族位於臺南市中西區民權路旁一塊占地約四百坪的香蕉園，無償提供出來給環保志工使用。

由於地點鄰近鬧區，周邊主要道路是夜貓子們的天堂，海產店、啤酒屋林立，玻璃酒瓶就成了最大宗的回收物。

每天清晨天還未亮，蔡串輝就徒步來到頂美環保站，準備跟黃錫麟一起開著環保車，沿街回收玻璃酒瓶。

這些玻璃酒瓶，有的裝在酒箱內，有些則被丟棄在黑色大垃圾袋中。蔡串輝提起沈重的大黑袋，低喝一聲，使勁地將它拋上環保車，在車上的黃錫麟彎腰接力，轉身歸位，一袋接一袋、一箱接一箱，直到玻璃酒瓶裝滿整輛環保車。

蔡串輝在三、四年前曾經兩次中風，現在他把做環保當作復健，「我身體愈來愈好了，以前走路都走不穩的。」雖然走起路來還有些微跛，但在他心裏，環保是「沒做實在很難過」的一件事，也因此從不覺得那沈甸甸的酒瓶是負擔，反而愈做愈歡喜。

提起他的環保搭檔黃錫麟，蔡串輝滿是感佩：「錫麟是每天在做！他都晚上下班後，自己又去載一趟回來。」從清晨到深夜接力不停歇，這是蔡串輝、黃錫麟兩人的每日相約。

多年前，黃錫麟也曾是那手中高舉玻璃酒瓶的人，過去醉茫茫的人生，差點賠掉他的健康和家庭；後來在太太及兒子的牽引下，他走入環保站，從過去的「酒醉人生」，蛻變為愛家的好先生、好父親。

每天清晨，他準時五點來到環保站，開車跟蔡串輝一起沿街回收玻璃瓶，晚上九點多下班後，再到環保站報到，獨自開著環保車，到附近的酒商回收玻璃酒瓶。

沒有了夥伴的支援，黃錫麟一人當兩人用。夜裏微弱的街燈，映照著他堅毅的臉龐，默默地搬起酒箱，多次上下環保車，將這些紅的、綠的宛如大積木般的箱子，層層疊疊，堆滿整輛環保車，當他再回到環保站，已是深夜十點多。

黃錫麟曾笑稱自己是「現世報」，以前喝酒喝太多，現在才會天天回收玻璃酒瓶；以前的酒，喝起來是香的，現在聞起來，卻是臭的。浪子回頭，道出心中的感觸：「以前我做了比較不好的事情，現在可以回頭來做環保，不要讓父母擔憂，可是父母親都往生了，所以我要做一點功德回向給他們。」

載回環保站的玻璃酒瓶，有紅的、綠的、白的，若不經過分類，摻雜在一起，賣給回收商的價格就差很多。

被稱為環保鋼鐵人，七十八歲的張登河負責玻璃瓶分類的工作。他戴上手套，彎身仔細地把摻雜一起的玻璃瓶，依顏色一個個挑選、分類，再提起十幾公斤重的玻璃瓶籃子，倒入太空包。這工作長時間彎腰前傾，還得扛舉重物，十分耗費體力，一不小心就容易傷到腰椎，張登河身材精瘦，多年來卻持續堅守崗位。

來到張登河的家中才發現，自謙工廠黑手出身的他，在家自製焊接了一組舉重跟單槓，他每天晨起一定會各做十來下舉重跟拉單槓的肌耐力訓練，外加伏地挺身，讓年輕人自嘆弗如！鋼鐵般鍛鍊的意志，就為了維持良好的體能，才可以長長久久、繼續做環保。

時常聞法精進的他，把辛苦的環保工作當作鍛鍊：「其實會覺得愈做愈勇啦！你若甘願做，甘願去付出，愈做反而愈快樂。」

若問起這幾位男眾環保志工，為何會堅持一直在這裏做環保？最常聽到的回答都是：「因為捨不得阿雲師姊啊！」「你看阿雲師姊做成那樣，怎麼可以不來？」

志工們口中的「阿雲師姊」，就是個頭不滿一百五十公分、全年無休的環保站長蘇玉雲。

頂美環保站除了有環保車載回大量的玻璃瓶外，每天凌晨三點多，蘇玉雲也會騎著摩托車，穿梭市區大街小巷收集玻璃瓶等回收物，清晨五點多回到環保站，繼續張羅大小事務。

蘇玉雲以環保站為家，全年無休地守護著頂美環保站，「我沒有足夠的德行，唯有做給人家看。」她輕描淡寫地說著，語畢，繼續扛起跟她身材差不多大小的黑垃圾袋，埋首玻璃瓶堆中工作。

她嬌小的身形，多年來因負重與辛勞，原本挺直的背脊也變得

▲ 依顏色分類後的玻璃酒瓶，形成一座座白色山牆，志工們暱稱這是頂美環保站的「玻璃小山」。（攝影／許翠卿）

彎曲，日日無私地付出，緊緊牽繫著眾多環保志工的心，一起來到頂美環保站付出。

香蕉園裏耕福田，這片鬧中取靜的環保站，十餘年來在環保志工的齊心耕耘下，早已不僅僅是「香蕉園裏的環保站」，回收玻璃瓶數量，還高居慈濟全臺環保站之冠。

你能想像一百公噸重的玻璃瓶有多少嗎？這是頂美環保站在夏季一個月最多的玻璃瓶回收量，平常的日子，每個月也都有八十幾公噸，這不是一座小山，而是好幾座小山！

你能想像這百噸的玻璃瓶，如果沒能夠被回收，變成了垃圾，環境會變成什麼樣子嗎？懷著疼惜大地的心，頂美環保站的志工們把「日日如常」的精神，當作是永遠的現在進行式，只願大地清淨，地球頂美。

攝影／張裔芳

■頂美環保站

地址：臺南市中西區頂美二街18巷路口轉角

開放時間：每天／上午6:00～下午5:00

廣邀社區配合——木柵環保站

王育慧

沿著蜿蜒的景美溪，從臺北市木柵往新北市深坑方向前行，來到俗稱象頭埔的村落。坐落在左側的慈濟木柵環保站啟用於二〇一〇年三月，前身是「蓮霧腳」環保點，場地由謝添文徵得家族同意後提供。

鄰近政治大學、種有三棵蓮霧的環保點，規模雖小卻是五臟俱全，證嚴法師曾讚歎「巷弄內迷你的環保站」發揮大良能。由於回收資源增多及前方房舍改建，巷弄變窄、環保車進出困難，幾經尋覓後搬遷至現址，空間增大，可以接引更多志工。

八十三歲的賴子嘉自二〇〇三年退休後，就投入蓮霧腳環保點，跟車、搬運、分類回收，體力與精神完全不輸年輕人。他細數木柵環保站的特色，首先是地利之便，例如玻璃瓶重又占地方，這裏空間大且毗鄰大馬路，方便回收廠商載運。

再來是回收量非常大的塑膠袋，每天都有五、六位志工專責整理，剪除袋口封膠、印刷花色。志工們也用心在紙類回收區，挑出飲料利樂包、紙餐盒、紙杯。之所以如此費工，是因為臺灣每年消耗超過八十億個紙容器，包覆容器的防水膜成為塑膠垃圾，去化是一大難題。慈濟淨斯人間研發長蔡昇倫投入兩年時間研發，將無法回收的塑膠膜再製成環保連鎖磚，耐重性不輸水泥，是很有潛力的建材。

最重要的是環保站發揮教育功能，木柵、深坑地區從幼稚園到大學的學生都可以就近到環保站參訪。除了吸收環保理念，還能夠親身實做，體會到生活上要自備環保水壺、節約資源。環保志工到各社區、工廠商家回收資源時，也會跟社區管委會、住戶與商家互動，請他們配合不要夾帶垃圾，確實做好分類。

位於文山區秀明路的翡翠城堡社區，就是賴子嘉與黃文川口中的模範社區。走進社區接待大廳，旁側沿著山壁改建，就是社區置放回收物的場地。住戶林女士拎著回收物品來到這裏，每個類別都有顯著的圖形與文字標示，輕鬆快速就能完成分類。

她微笑說道：「我在這裏住了五年，社區環保做得愈來愈仔細，原本只有一個塑膠類，現在還區分成硬塑膠、塑膠袋、裝廚餘的塑膠袋等。」如此多項細分會不會造成住戶困擾？她搖搖頭說：「一點也不會！大家分類得愈仔細，垃圾減量會更多，回收物也能發揮更好的利用。」

社區總幹事陳國榮看到住戶們配合分類回收，即時對林女士表達感謝與讚美。陳國榮在社區服務接近兩年，他非常感謝慈濟志工，不論晴雨，每天早上都到社區回收資源。志工熱心提供環保場所改善及回收物分類的建議，加上社區主委支持，回收場增加了照明、通風設備及清洗水槽，並利用住戶丟棄的盆栽美化。若遇住戶對分類措施有微言，管委會也會透過通訊軟體，婉轉說明溝通，籲請大家配合。

陳國榮說：「每個人看似都只做了很小的部分，但是大家一起合作努力，就能達到清淨在源頭。前端仔細分類，後端就方便回收利用，希望更多的社區可以一起交流分享經驗，讓環保回收做得更徹底。」

「歹勢喔！這麼多東西障礙，讓你出入不方便喔！」經過環保站入口附近，就會聽到拆解區的林王紅綢親切招呼，大家也會笑著回答：「阿姨好，感恩您喔！」

狹隘的拆解區位在環保站角落，林王紅綢卻鎮日掛著笑容，雙手轉動螺絲起子，拆解出一片天地。林王紅綢早年因為先生簽賭大家樂、六合彩，浪擲家人辛苦賺的錢，讓她有了輕生念頭。投入慈濟環保，她服膺「有錢出錢、有力出力」，憑藉一雙手來做環保，報答慈濟救拔重生之恩。她身體力行接引一家人進入慈濟，包括已過世的先生、三個兒子、兩個兒媳，都分別投入慈濟環保與真善美人文志工。

最近一陣子，大家發現這個熟悉的身影不再出現，紛紛向她的大兒子林世傑關心詢問，才知道林王紅綢因病住院。世傑說媽媽在加護病房的時候，心裏一直惦記著環保站的工作，一閉上眼睛就是做環保的畫面、難以入眠，讓他不知如何是好，只能鼓勵媽媽，努力把身體調養好了，才能夠回到這個她最愛的工作崗位。

林世傑提到，往昔爸爸還在世的時候，和媽媽一早五點多就搭公車出門到環保站，然後在環保站忙碌一整天，直到傍晚才回家，兒女們都非常放心，沒有後顧之憂。

林世傑哽咽地說：「感恩環保站的所有志工，將媽媽視為大

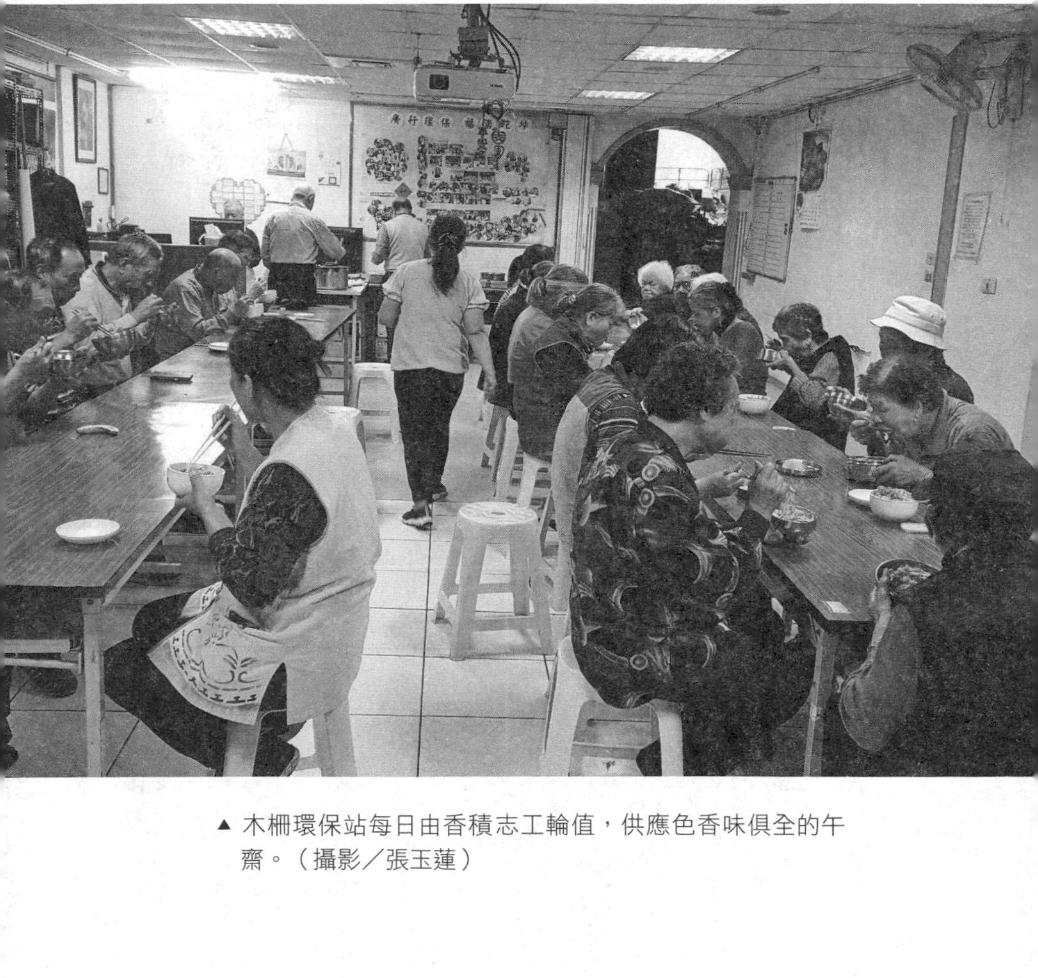

▲ 木柵環保站每日由香積志工輪值，供應色香味俱全的午齋。（攝影／張玉蓮）

家的媽媽、大家的阿姨，很照顧媽媽。希望媽媽的身體能快點好起來，再回到環保站來，能與媽媽一起在環保站工作，是我最愛、最珍惜的時光！」

剪完寶特瓶口的瓶蓋環，將寶特瓶收集成袋，胡真珠熟練地把一袋袋的寶特瓶投入壓縮機，一壓一擠，一袋袋寶特瓶縮成小四方體，比較不占空間且方便載運。熟悉而俐落的動作，讓人完全看不出來她曾在二〇一一年底發生小中風。身體好轉後，胡真珠在陳素花的邀約下，來到環保站做回收。現在的她每天報到，因為對她來說，做環保就是最好的復健。

木柵環保站每日由社區香積志工輪值，供應色香味俱全的午齋；也邀請專人來帶動健康操，讓大家保健身體，舒暢身心，長長久久耕福田。

攝影／吳欣怡

■木柵環保站

地址：臺北市文山區木柵路五段100-1號

開放時間：每天／上午8:00～下午3:30

族群大融合——曙光環保站　✎謝昀珊

臺東太麻里，排灣族語中有個美麗的意思，「太陽照耀的肥沃土地」，暖橘金黃的曙光灑落之前，有一群人比太陽起得更早。

一片漆黑中點亮玄關的小燈，轟隆隆的引擎聲喚起沈睡的大地，清晨五點不到，陳元山、何素雲夫婦一人騎著機車、一人開著藍色小貨車，分頭駛進大王村的巷弄裏，而八十幾歲的老人們早已在門口，等待接送。

過去臺東受到地形狹長的限制，從太麻里要耗費一個多小時路程，才能把回收物載到臺東環保站，二〇〇八年一月二十日，曙光環保站落成，成為當地重要的集會場所，來到這裏不論宗教、族群，大家同一目標，為地球盡心力。

走進曙光環保站，回收物碰撞聲此起彼落，像早市一樣熱鬧，志工們通常清晨五點半前開工，一袋又一袋的太空包被寶特瓶填滿，整齊疊放，驚人的分類速度，很難想像他們是一群頂著白髮、平均七十五歲以上的長者。

「做環保快樂啊！身體好！」全站最年長的志工曾靜枝，八十八歲，一頭捲捲可愛的短髮，自信地說「環保就是最好的保養」，蹲蹲站站都難不倒她，邊分類邊掃除雜念，身心輕鬆自在。

這時耳邊傳來一段悅耳嘹亮的歌聲，原來是環保站的開心果林金花。她是排灣族，性格爽朗，堅持做對的事情，秉持這樣的信念「不會累，很幸福！」

十二年前，她親手鋪建環保站的一磚一瓦，看著環保站一路成長，猶如庭院中的苦楝樹，深耕在地，開枝散葉。

環保站的老人家大多是務農人，手腳俐落閒不下來，有些人做完環保，還要趕回家種釋迦果、開店呢！像是吳美螺已經收拾好東西，驅車趕回果園接種花粉。

當年八八風災，無情風雨將釋迦園夷為平地，吳美螺頓失收入、生活墜入谷底，但身著藍天白雲衣服的志工挺進災區，不分晝夜關懷的身影，讓她深受感動。

有一天，吳美螺經過環保站前，看到陳元山夫婦在紙箱堆中辛苦分類，她上前詢問需不需要幫忙，就此投入，甚至也把朋友林彩虹帶進來。

「家裏很反對，但我還是會抽時間盡量出來做，早上五點半之前到，七點趕快衝回去開店，朋友都說我那麼忙，為什麼要做那麼辛苦，但我就是很想要幫忙做環保，即便只有一點點時間也好。」這是林彩虹的堅持，把握分秒，行善付出。

目前曙光環保站約有十位志工，主要工作是把透明的寶特瓶整理成袋，這麼多的回收物，全靠志工一趟一趟地載送。

「以前我每天出門走過的地方，都是滿地垃圾，看了很心疼，我們要趕快做，要不然以後子孫都會住在垃圾堆上。」守護環境的急迫感，讓張鳳蘭從一九九八年一頭栽進環保世界，成為太麻里第一顆環保種子，大街小巷都能看見她載回收的身影。

「那天我才來載，現在又馬上撿滿了囉！」張鳳蘭來到香蘭村海邊的一棟小平房，只見一位瘦小身軀、微駝著背的老奶奶走了出來，遮陽帽下露出靦腆的笑容，她是九十三歲的金玉阿嬤。

當年金玉阿嬤的兒子不幸溺水往生，張鳳蘭陪伴鼓勵她做環保，才逐漸走出喪子之痛，雖然年邁但身體硬朗，常常一個人早上沿著海邊撿拾瓶瓶罐罐，整理得乾淨整齊，讓張鳳蘭很是讚歎，「哪個人跟得上您？找不到幾個九十幾歲，還做環保做得這麼認真！」這些草根菩薩的用心，更讓張鳳蘭堅定在環保這條路上。

「它似乎有點靈性，都不敢壞掉，陪著我上山下海，我很珍惜也很感恩這部菩薩車，願意這樣付出。」張鳳蘭輕拍著她最好的搭檔，道出內心深切的期許：「慈濟推動環保已經三十年了，希望能一直招生，更多人出來投入。」

陳元山承擔環保隊長的使命，除了到太麻里各個鄉鎮、市區便利超商，每週也至少兩趟到知本的飯店載回收。七十歲，一個人，在炙熱的太陽下，來回數十趟搬運，汗如雨下，衣服完全被浸溼，問他累不累？他說：「我一個地方都不想放棄，天下的米籮實在很重，希望大家都走出來做環保。」

陳元山夫婦總是第一個到環保站開門，還會準備點心給志工享用。對大地的愛惜、人與人之間的敬愛，交織成一條涓細長河，滋潤著每個人心中的福田，把善的能量傳遞出去，身體力行一個又接一個，要做到不能做為止。

太麻里經歷過莫拉克風災、尼伯特颱風兩次嚴重的天災，毀

▲ 曙光環保站舉辦冬令發放暨歲末圍爐，張鳳蘭（左一）陪伴環保志工上臺分享環保日常。（攝影／陳信安）

傷的大地走過艱難的重建之路，郭陳桂英如今回想起來仍是歷歷在目。自己的家遭遇風災無情摧殘，當年牆上僅剩「慈濟太麻里回收場志工簽到簿」的字樣，如今有了曙光環保站，她說：「投入慈濟後，覺得做環保實在很好，做環保無價，志工們也是無價，還能賺歡喜！」

環保行動，撫平傷痛，人人付出行動，默默耕耘，苦行難行卻能行，環保站見證了人間菩薩的誕生，有客家、閩南、原住民的文化融合，更是一處匯集人間美善的修道所。

在這裏沒有招牌，志工們驕傲地說：「不用啦！看日頭就知道！」證嚴法師為此取名為「曙光環保站」，不只是臺灣第一道曙光照耀的地方，更比喻了這群大地園丁，如同太陽般閃耀。

攝影／楊東昇

■曙光環保站

地址：臺東縣太麻里鄉太麻里街600號

開放時間：每天／24小時開放

芭樂袋中途之家——廣福環保站

邱泓宸

二〇〇八年以前，桃園大八德和氣組隊如果要共修，只能在施永春自家的資源回收場，位在最偏遠的角落，一個鐵皮屋內作為共修場地。

晴天時空間大停車方便，遇到下雨天，從回收場走到鐵皮屋，路面泥濘溼滑、燈光昏暗，大家進出得手牽著手，時而尖叫又怕滑倒，心裏都期盼著能有一個適合的共修場地。

二〇〇七年冬季，蕭素靜與先生呂理達商量，希望在八德尋覓一塊共修地。很快兩個月的時間，就在廣福路四九九巷內百年土地公廟前找到六百餘坪土地，夫妻倆發心要蓋佛堂與環保站。

然而，呂理達還想著環保站成立，要找一位能讓他放心的人來承擔，他心裏屬意的人選正是為人誠懇踏實、負責任的林丕萬。呂理達特別慎重地詢問林丕萬：「未來環保站成立後，您願不願意來負責環保站運作？」林丕萬深知任重道遠，義無反顧一口答應，令呂理達內心感激又讚歎。

二〇〇八年初環保站開始動工，鋼梁是施永春回收工地拆除捐出，環保磚用的是九二一組合屋回收材料，鐵皮、油漆、裝修、佛堂、舞臺、冷氣、視聽設備，都是呂理達伉儷發心。志工上下一心，引頸期盼的廣福新厝，終於在七個月後，以五星級的面貌和世人見面，八月三日八德廣福環保站啟用。

環保站的外面圍牆，是劉慶煥用回收腳踏車的廢棄輪框組合而成，代表「法輪常轉」。右前方的菩提樹，由花蓮靜思精舍移植過來，讓進出環保站的志工們，看到菩提樹就想到證嚴法師和精舍。黃永進在左右兩邊各種植兩棵黃金玉蘭花，每年應時花開讓志工摘來供佛。

二〇一二年秋，呂理達又發心於環保站右側，購入農地四百餘坪，親自栽種各式蔬菜和水果，除了提供給環保站香積所需青菜，也供八德和氣組隊輪值桃園靜思堂香積蔬食之用。

呂理達從實業家轉身做農夫，彎腰低頭勤耕福田，每日下田耕作，夏天汗流浹背，曾經最多一天換七件上衣。菜園採自然農法不灑農藥，依然生氣盎然。

呂理達說：「為什麼蟲子不吃我們的菜呢？道理很簡單，一切不離『因緣』二字，你若真心修行，與蟲子宿業已了，今生又持戒不傷害蟲子，蟲子怎麼會找你的麻煩呢？」

呂理達和蕭素靜每日清晨到環保站薰法香，為了讓薰法香的志工有早餐可吃，特別從靜思精舍師父那兒學習滾麵粉的十八式，每週親手做包子饅頭，提供志工食用。難行能行，難捨能捨，謙卑溫良，勤奮耕耘的身影，完全體現靜思農禪家風，對師父的法堅定奉行，是一位大捨無求的精進菩薩。

蕭素靜從二〇一四年開始，堅持每天薰法香。她說：「這一世能跟著上人行菩薩道，來世還要跟緊上人的腳步。現在自己每天都很感恩，很珍惜跟上人的緣。」回想過去，她說：「每年購衣百萬，受證之後穿最多的是藍天白雲制服。」

蕭素靜每天穿梭在環保站，簡樸的身影，完全看不出來曾是實業家的貴婦。「由奢入儉難」，對她來說一點都不難。

她來到環保站，看到很多回收的二手衣都很漂亮，丟掉很可惜。於是邀約陳秀蘭、廖月麵一起來整理，並在大湳市場忠孝街自家店面成立惜福站，延續物命，讓大家能有惜福再造福的機會。

林丕萬一九九六年受證，為人誠懇踏實，生活簡樸，投入環保站因緣不空過，時間也不空過。曾經每日為身障志工浴佛（沐浴）、洗衣，別人做不到或不願意做的事，林丕萬都撿來做，他說：「做慈濟事不能怕麻煩，要以菩薩十地中的『歡喜地』精神來付出。」每天早出晚歸守護著廣福環保站，就因為答應呂理達擔任「廟公」的承諾，做到「田要日日到，厝要朝朝掃」，答應人家，就一定要做到！

林丕萬每天帶頭到市場收集芭樂袋，來來回回，推著推車一趟又一趟，儘管身上衣服溼了又乾了，林丕萬堅信芭樂袋終有撿完的一天，發願：「芭樂袋不空，誓不成佛。」希望善的力量匯聚，能夠改變地球被汙染的命運，林丕萬一路身體力行，始終堅守著這分善的力量。

廣福環保站芭樂袋回收發起人吳素珠，二〇一三年到市場看到芭樂袋這也一簍、那也一簍，問水果攤商老闆這些芭樂袋都怎麼處理？攤商回答：「都給垃圾車載去掩埋或焚燒。」吳素珠不捨這些芭樂袋當作垃圾丟掉，造成地球汙染。回來環保站詢問林丕萬，是

▲ 環保站前方的菩提樹，由花蓮靜思精舍移植過來，志工們看到菩提樹就想到證嚴法師和精舍。（攝影／陳國麟）

否願意一起撿芭樂袋，林丕萬又是一口答應。

大家感動吳素珠守護大地之心，於二〇一三年四月一日開始走入市場。每天排班，刮風下雨、風吹日晒，全年無休的苦差事，找不到人，吳素珠就帶著自己先生、兒子、女兒去。

即使發願守護大地，當找不到人的時候，吳素珠也曾無助想哭，跑到自家樓上，對著佛像祈求：「佛菩薩啊！請賜給我力量，讓我可以廣邀更多的人投入環保。」

有一年吳素珠急病住進加護病房，昏迷好幾天，醒來的第一句話就是「芭樂袋有人去收嗎？」她的心行感動許多人一起承擔。目前廣福環保站芭樂袋回收每月七千至八千公斤，一年約九十噸塑膠袋回收，堪稱桃園最大芭樂袋中途之家，用芭樂袋鋪滿的廣場，成為廣福環保站最美的風景。

攝影／蕭素靜

■廣福環保站

地址：桃園市八德區廣福路499巷25號

開放時間：每天／上午7:30～下午4:00

週四夜出勤──蘆洲環保站

許麗珠

「沒有玻璃車，你們兩個開玻璃車；你載後面；你等一下看誰跟你去；那你最後一趟。」蘆洲週四夜間環保，高丁旺如常安排車輛出車。待各車人員上車，大燈一開，發動引擎。

「慢慢開喔！幫忙指揮一下！」車輛緩緩開出環保站往各個定點，高丁旺一再吩咐開慢一點，口中不斷說著：「感恩、感恩！」

新北市蘆洲從一九九二年啟動環保，當時受證一年多的陳金海是企業董事長，常常開著賓士車，順路載回收瓶罐、舊報紙，也和志工集資購買卡車，輪班定時定點回收，更向社區宣導，沿途設環保點。

如此積極推廣，之後整個大臺北地區動了起來。二十八年來不中斷，蘆洲人做環保很積極，白天有人做，晚上還有許多上班族加入。每天長者來到環保站，第一件事就是量血壓，彼此關心，慈濟人醫會也定期前來衛教。

為什麼要推動夜間環保？陳金海表示，因應臺灣生態改變，白天大家都在上班，希望開放晚上時間，讓更多上班族來參與。「先去臺北中山區夜間環保參訪學習，然後利用每週四夜間，差不多七點到八點半之間來進行。」二〇〇三年十一月六日，蘆洲區開始推動夜間環保，逐漸設點。

週四夜間環保，大家一週見一次面，能夠在比較短的時間凝聚志工、傳達訊息，就像早期四合院「埕」的那種感覺。要送到慈濟環保點的回收物，不用再在家裏堆放一整個月，也避免發出臭味。

志工會盡量在自家巷口布點，周邊或大樓裏面的人就會出來一起做，順理成章下推動，反應非常踴躍。

每週四晚上，環保總站差不多要動用十六臺車，八輛是私人車子，八輛是蘆洲的環保車，畫分路線到各點載回收。高丁旺說：「我們週三都會先聯絡，確認司機和車子能不能出動，不能來的立即遞補。」

華燈初上，車水馬龍的蘆洲社區，二十個夜間環保定點，社區鄰里大家相約攜家帶眷，大人、小孩人人低頭做環保，形成不一樣的街景。

晚上八點左右，運輸車陸續從定點回收後返回環保總站，塑膠類卸下由現場志工分類、玻璃統一集中、紙類直接送到回收場。協助運載的車輛來自社區各行各業，有心人士一起成就。

計程車司機葉金志、搬家公司老闆林俊傑、早期載運礦泉水飲料車的葉西海，如今都加入環保車隊。

李灼灼說道：「我最怕下雨！」即使是濛濛細雨，一夜各點未經分類的回收物全都回到蘆洲環保站，總會一片混亂。等大家合力分類後，場地才恢復原來乾淨的樣貌。

但下雨天可以不做嗎？高丁旺表示，「因為每週四都做夜間環保，民眾早已認定這一天就是我們的回收日，東西都會拿出來。」於是不管晴天下雨，蘆洲週四夜間環保如常運作，環保車子還是一樣流動。

陳金海表示，現在由環保法門被接引進來的志工比例非常高，最重要的一點就是大家都能刻苦耐勞，不怕髒，不怕累，長期下來一直走這個菩薩道。

從早期國順京都社區大門外，志工們鋪上一大張塑膠布，社區鄰里大家相約做環保。定點負責人林素卿說起，車輛不足的情況下很辛苦，發財車一個晚上至少要跑三趟，最多的時候曾有三、四十個人簽到，在外面設點，的確可以結更多的緣。

林素卿都會煮一些小點心，讓大家做完環保吃點東西，聊聊天，聯絡一下感情，也分享慈濟的資訊；如果有人幾次沒來，也會相互關懷。

二〇〇八年設點至今的蘆洲光華路郵局門口，人車鼎沸。定點負責人蔡陳阿瑞說起，國順京都社區定點因故撤點，隨即與光華路郵局協商，同意慈濟人在門口設點，讓環保分類持續運作。

每週四夜晚，二十幾位志工自動來報到，大家埋首在一大堆的回收物中，紙類、塑膠、寶特瓶、鋁罐、鐵罐，努力分工分類。陳阿瑞稱許，大家都很有心，才會剛下班就主動過來；貼心的陳阿瑞也會準備點心，讓大家先暖暖胃。

把道場設在大街小巷中，可以讓街坊鄰居方便參與；二〇〇七年統計，蘆洲區、五股成州總共有四十七個夜間環保點。隨著時間遷移，夜間環保定點也在各種因緣下轉換，二〇二〇年仍有二十個定點持續。

▲ 每週四夜間環保，蘆洲光華路郵局門口，二十幾位志工自動來報到。（攝影／張順生）

早上近八點，蘆洲環保站鐵門緩緩升起，如常的一天，從報到、量血壓開始。「早啊！你要先吃些餅乾，後面有嗎？」「先喝一下咖啡，先坐一下！」高丁旺為志工們準備咖啡，濃濃的香氣瀰漫斗室。

高丁旺表示，因為師父關心環保站志工們的身體健康。「所以，每天早上我們都要為他們量血壓，統計之後還會上傳到一個平臺。負責的人醫會醫護人員，會固定上去看志工們的血壓紀錄，每個月也會來環保站做衛教，關心大家的健康。」

人醫會護理師洪玉玲表示，血壓正常，不一定代表沒有高血壓疾病。我們會全面性地關懷，照顧到一些細節。

陳金海表示，「環保定點還有一個好處，就是社區裏有比較困難的家庭，都能夠透過環保定點提報，和慈善訪視結合在一起。」

攝影／張順生

■蘆洲環保站

地址：新北市蘆洲區長興路239號

開放時間：每天／上午8:00～下午5:00

　　　　　週四／晚上7:00～8:30

「手」護大愛──關渡環保站

文／潘瑜華

一九九七年，家住慈濟關渡園區附近的賴建興，與邵惠美在北投國小做環保，隨著各處環保定點增多，回收量增加，他和許榮宗也常邀約大家參與每月第二個週日上午大型資源回收日活動。

「爸，我同學們坐車不方便，需要接送呢！」賴建興的女兒是慈青，時常撒嬌要他載送去關渡園區，他也因此更了解慈濟，甚至戒除了二十年的菸癮，受證慈誠。

二〇〇〇年，魏杏娟、劉寶足合捐關渡園區土地，隨著園區建設，思忖急需一處空地做分類的賴建興，便向營建志工徐文龍、高明善提出建議，以原機車棚二十坪空間作為環保站。

隨著環保站回收量增大，賴建興與徐文龍等志工共同籌畫擴建，隔間出可容納五十人的環保宣導室、海報展示走廊、建構雙層分類架整理區等，利用周邊空地搭分類架，搭棚擴建一百二十坪。

二〇〇五年十一月，賴建興在環保站不慎意外重傷，轉送臺北慈濟醫院，左眼旁縫了十幾針，左手、左腳粉碎性骨折。雖然傷勢嚴重，賴建興慶幸自己還能活著；養病期間，來自證嚴法師及志工們的關懷，讓他永難忘懷，也藉由切身之痛，更重視場地安全的重要性。

「為了不再造成傷害，管制環保車輛進出、舉辦工安講習，勢在必行。」受傷後，賴建興促成環保志工關懷小組，落實環保車輛使用管理、緊急事故及公傷處理等。

二〇〇六年，隨著賴建興受傷，環保站由廖水响負責常住值勤，時常開車賣回收物或者擔任環保導覽等。

當時徐文龍、柳振興等人帶動志工加入，增設專收玻璃瓶罐的回收場，以太空包（可容納一千六百支寶特瓶或五百公斤紙）配合堆高機、升降機以節省人力，並做到垃圾不落地。之後為配合上班族時間，再開放夜間環保。

二〇一七年，環保站再擴建逾兩百坪，擁有教育功能、更大的參觀和做環保空間，這一切持續推動的幕後推手就是賴建興。現在，三百多位志工不定期在關渡環保站進出，長期固定的也有六十多位。

然而那年三月，因興建大愛臺二期工程，原關渡環保站拆遷，賴建興表示：「大家共同協議想再找環保點，志工們在外面找了很多地方，有的人聽說是要放回收物，就不肯租給我們。」

賴建興回憶，好在大家發現人文志業中心後方，在擋水牆和生態池間有個以回收棧板鋪成的迴廊，感覺這個地方很舒適。相關人員一起來會勘現場，覺得這個地方確實很理想，考量交通公車便利，環保志工要來也方便。

沿著人文志業中心旁，走下小徑階梯，眼前「柳暗花明又一村」。「本來這邊的擋水牆迴廊沒有屋頂，我們在地上鋪連鎖磚，搭建遮蔽屋頂，目前迴廊使用空間約七十坪。」

臨時環保站自二〇一七年六月運作至今，有限空間中，「麻雀雖小」卻功能俱全，志工把握因緣認真做環保的心念不變，每天仍有三十多位志工如同上下班一樣「天天打卡」。其中八十多歲的詹枝花，家住山區，要換搭公車和捷運才能到達，也不缺席。

環保志工投入自己熟悉的區塊，做紙類分類、剝銅線、拆電器回收物等，經常一坐下就忘了時間。每天近午十一點，值星志工便請大家開始收拾周邊環境，然後集合跟著電視螢幕播放的健身操影片做運動，活絡活絡筋骨。

輪值班的江素卿一一邀請志工們來量血壓，「咦！平常血壓是一百二十，突然升到一百四十，可能是身體異常的徵兆哦！頭有點量，要記得去看醫師。」除了提醒志工，她還主動通知緊急聯絡人多加注意。血壓測量結果會登錄上傳至「雲端健康關懷系統」，江素卿仔細地一一完成入檔。

「ＡＢＣ英文字母，我原本不認得，不知怎麼念，現在都會了！」僅小學畢業的江素卿，感恩有此機會學習使用電腦，讓她慢慢地學會中文輸入建檔。透過雲端健康關懷系統，可長期觀察；因為關渡環保站能照顧到環保志工的健康，也吸引了更多人來加入。

原在中和街開體育用品店的江素卿，曾對早起一起泡溫泉的蘇美蘭說：「店若不開了，我就一定跟你出來做環保志工！」後來店果真收了，身軀微彎、總是笑臉迎人的她，便信守承諾，以「顧店」的精神投入。

「上人一直說來不及，要保護地球，自己做都來不及了！」江素卿說，每天看到回收的東西那麼多，所以她專注在環保，感覺時

▲ 舊關渡園區環保站回收量增大，賴建興與徐文龍等志工共同籌畫擴建，利用周邊空地搭分類架。（攝影／張進和）

間真的不夠用，她領悟到應該多向人宣導「清淨在源頭」的重要，接引人人來做環保。

二〇一八年六月二十三日，證嚴法師行腳時經過此處，稱讚這個迴廊棧板做成的臨時環保站規畫布置得很好，很有道氣。法師並慈示三要點：第一、要加強安全設施，以安全為第一；第二、要照顧好環保志工的身心；第三要讓志工歡喜，菩薩大招生讓社區更多的人來參與，讓它愈來愈旺。

賴建興說：「做環保是最好的『長照』。有些行動不方便的長者或是憂鬱症者、更生人，都在此處得到心靈慰藉，大家秉持著感恩、尊重、愛，一起無所求付出。」

關渡這塊兼具人文與自然氣息的土地，具有多重功能，不論是大愛電視臺，或是環保站，不僅是慈濟人的「家」，更是社區的教育道場。

攝影／陳明欽

■關渡環保站

地址：臺北市北投區立德路2號旁

開放時間：每天／上午7:00～下午4:00

平均年齡八十──梅山環保站

黃怡慈

根據統計，全臺灣慈濟環保志工平均年齡六十五歲，而梅山環保站的志工則平均年齡八十歲。

走路，對於梅山環保站的長者來說，跟呼吸一樣自然，李劉識最喜歡這樣省車錢、撿回收、賺歡喜。

「這樣走一個多鐘頭，如果邊走邊撿會更久。」起初請計程車載，但她發現，如果自己走路來，還可以沿途撿，不僅可以賺到回收物，還可以省下計程車費。就這樣，一部用木板釘補過的舊嬰兒車，一把褪色的傘，默念著「阿彌陀佛」佛號，下山上山，走了十多年。

「如果想要用什麼來裝，我腦子裏想一想就自然有東西可用，這樣我就很感恩了。」八十六歲的李劉識笑瞇了眼。後來年紀漸長，為了安全，李劉識遵從證嚴法師的叮嚀，把市區內的祖產改建房子自住，就近到環保站做分類。

「請佛祖保庇厝內大小平安順遂，國泰民安……」香煙裊裊直上雲霄，每月初一、十五何陳素鸞都會回到山上的老家拜拜，飲水思源是華人骨子裏的美德。

一起打拚的丈夫病逝後，她一度陷入憂鬱，鄰居邀她出來做環保，她才走出山裏，也走出了小愛行大愛，即使要走一個多小時到環保站也不嫌苦。後來兒子體貼她，在環保站附近購屋，她樂得天天五點多就到環保站拿「第一名」。

「女兒叫我去新店玩，我說我不要去，來做環保卡贏去遊玩啊！」她洪亮的笑聲說道：「做環保不只地球好，還能讓代代子孫好。」每一次彎腰撿拾，彷彿向佛祖頂禮，祈求功德回向給子孫與大地眾生。

一九九三年，江林金鑾邀約梅山社區會眾搭乘慈濟列車，當時其中四對夫妻——謝君弟、許杏梅，徐榮進、徐簡阿蓮，林順發、林張玉順，謝武君、謝林玉鳳，回程在火車上達成共識，先從自家門前做起回收。

隨著回收量愈來愈多，環保志工也隨之增加，於是向公所商借場地，但數度因土地規畫而得四處搬遷。於是江林金鑾與先生江介村、友人曾建盛，將相鄰的土地大約三百坪無償借出。

即將進駐的這塊地位於大排水溝旁，舉目只見一大片荒草與竹林，志工們像做慣了的默契，捲起衣袖，通力合作開始整地、鋪水泥，二〇〇一年九月，梅山環保站成立。一塊地是有了，但頭頂上完全沒有遮蔽物，因不敵烈日，再集資買了四支大遮陽傘。但仍不敵風雨，志工們復又發心集資搭建了電動遮陽棚。

二〇〇九年，梅山清潔隊隊長邱全福配合縣政府「形象改造計畫」，會同環保局，訂定將梅山環保站改造成環保模範社區，以南方松木為材，並加裝排水溝護欄，進行安全以及美化工程。

其他建材多是回收物再利用，包括牆上的字牌與花樣；新建的廁所磁磚也是工廠結束營業回收的；佛堂的鋁門窗部分也是回收來的。自豬肉攤回收而來的檜木桌經過志工刨平、整修、上漆後，煥然一新；以物示教，象徵「放下屠刀、立地成佛」。

環保站歷經更迭，一路不變的是志工們堅定的心，這裏有著大家的血汗與革命情感。梅山環保站現在三十多位志工裏，有十對是夫妻檔。他們出雙入對，為家庭打拚，也一同守護環保站這個家。

高齡八十八歲的林順發，縱然依了孩子們的「禁行令」，仍信守三十年前火車上的約定。「卡早都是他載我，現在換我載他。」太太林張玉順也八十三歲了，他們考慮很久，去年決定買電動車，以時速二十公里騎到環保站。

「兒孫一直要我們不能再開車，有年紀了，眼睛也不太好。」再加上林順發耳朵有一邊重聽，不能再開車，於是賣掉開了三十多年的貨車，在還沒買電動車前，兩人都是走路來。

黃來發與太太廖桂枝穿過一片片檳榔園，走半個小時來到環保站。曾經有人睥睨地對他們說：「撿那個沒什麼錢啦！」他們夫妻倆寧可選擇聽證嚴法師的話，不管別人的冷言冷語。

年紀漸長，腿腳不如以往，他們改請計程車接送，一趟一百元，對山上的長者而言，勤儉是天生的細胞，但他們夫妻為了做環保，認為這錢花得值得也歡喜。

環保工作草創時期，徐榮進就把平日用於農事的貨車，用來載運回收物，已經汰換過兩部，這是第三部。他從四十六歲開始做到現在七十七歲，當年帶著孫子到處去載回收，孫子一看到路邊有回收物，直覺伸出手指著前方喊：「阿公！那邊有寶特瓶！」

▲「以前是他載我，現在換我載他。」八十三歲林張玉順用電動車載八十八歲林順發到環保站。（攝影／何百寅）

三十年過去了，孫子都長大成人了，他也從當年的壯年郎，變得鶴髮蒼蒼，卻從沒退轉的念頭，他說：「既然說好了要做，就會一直做下去，我要做到呼吸的最後一天！」那分愛做環保的單純心念，無欲無求，低調不張揚。

「環保志工做得那麼辛苦，我們煮點心或煮個飯給大家吃是應該的。」八十三歲的許杏梅，把環保志工當成家人在照顧。時常自掏腰包張羅飯菜、點心給志工們，她偷偷把先生謝君弟的買酒錢，拿出來做買菜錢，她認為這樣分配家用很有意義。不久，同齡的謝君弟也投入環保，黃湯換成了茶湯，時常泡茶給志工們喝。

多年來，梅山環保站陸續接引許多人投入，二〇一八年開始成立長照站，提供長輩們量血壓、衛教以及健康照護等活動，守護社區長輩們的健康，定期舉辦社區讀書會與「靜思晨語」分享，也是社區居民的心靈安居所。

攝影／黃怡慈

■梅山環保站

地址：嘉義縣梅山鄉西榮街17巷19號

開放時間：週一至週五／上午6:00～12:00

胡媽媽的愛——新忠福環保站

陳秀貴

一九九六年，有一群志工在中壢忠福社區推動資源回收，初期在市場附近，商借店家的騎樓做分類，後來因為響應的民眾及回收資源日益增多，於是志工們紛紛尋找適當的地點，希望就近在各社區推動環保。

「做環保可以救人，她就因為這麼簡單的一句話，開始做環保，做到最後藥都不用吃，整個身體都好起來。」陳秀淵回憶起當時社區有位七十多歲的「胡媽媽」胡鍾足妹，長期受失眠症所苦，看遍了中壢的大小醫院，都無法治癒。

一九九七年，胡媽媽開始做環保，結果愈做愈健康。對於自己做環保後的改變，胡媽媽也開心地說：「大家都說，你怎麼會愈做愈年輕！」

巫俊東翻閱著他珍藏的檔案本，有張環保志工圍著大蛋糕，慶祝母親節的泛黃相片，巫俊東敘說照片故事——

胡媽媽旅居加拿大的兒子回來臺灣，看到大家買蛋糕幫胡媽媽過母親節的相片，一方面謝謝志工，另方面感動又感慨地說：「長這麼大，沒幫媽媽買過生日蛋糕。」

「兒子覺得媽媽既然有這個願望，就用他的房子和弟弟的做交換，把那塊空地給我們當環保站。」巫俊東表示，從開始埋地基到蓋好鐵皮屋，全由志工們自行完成，鋼材、鐵皮是從中壢園區回收來的，鐵捲門、不銹鋼鐵門……也都是回收的，二〇〇二年「胡媽媽環保站」成立了，也就是忠福環保站。

逐漸將環保視為生活重心的胡媽媽，除了在環保站做分類，還樂此不疲地推著推車到外圍收資源，每天從早晨到黃昏來回四趟，即便隨著年紀增長，步履變得遲緩，卻步步踩得踏實又堅定。

「年輕人看到胡媽媽年紀那麼大都在做環保，就很感動；而胡媽媽也很感動，這些年輕人能夠出來做環保。」陳秀淵感受到胡媽媽做環保的用心與熱忱，而忠福環保站就是在彼此相互感動中，帶動更多人投入環保。

「胡媽媽，我可以幫忙你一起來收嗎？」許碧香追憶她在退休後，得知住家附近有個環保站，於是就到胡媽媽環保站來。她很讚歎也很不捨胡媽媽年紀那麼大了，還推車收資源，便主動協助外圍的回收。

吳秀財表示：「我常看到胡媽媽一個人在環保站，拿一張小板凳坐著，把很多東西分得很細很細，那時我還沒接觸過環保，看她一個人在那邊，很認真地在分類，才吸引我投入。」

每次做完環保以後，大家會去掃地上那些垃圾，但胡媽媽總說：「你們都不要動，垃圾放著。」有一次，等大家都走了，吳秀財留下來默默地觀察胡媽媽在做什麼？「結果她把所有我們認為是垃圾的小紙片，一片一片地挑出來，再小的資源也不放過。」

這讓吳秀財感覺，做一件對的事情，還要很執著地去做，「胡媽媽，感謝您！讓我了解到原來做大地的農夫、大地的環保，就是要這樣。」

二〇一三年一月八日，胡媽媽走完了她九十載的人生，但她以身示教所樹立的典範，至今仍深植後人心中；而她走過的路，仍然有人走著，守護大地的心念，依舊有人接力傳遞。

胡媽媽往生後，家人收回環保站用地，吳秀財於是發心出錢買地蓋環保站，「九二一地震後，慈濟在南投蓋的簡易屋，拆除後的鐵材回收，不僅蓋了胡媽媽環保站，如今又到新忠福環保站，繼續延長它的壽命。」

二〇一五年五月二十三日，在眾人引領期盼下，位於中壢區新街溪旁、鬧中取靜巷弄間的新忠福環保站啟用，當天舉辦一場社區愛灑活動，邀約鄰里好厝邊參加，共同見證新忠福環保站以愛接力，守護大地！

陳秀珠二十六歲時母親往生，看到胡媽媽那麼認真做環保，內心非常感佩，默默地就把胡媽媽當成母親一樣看待。到了新忠福環保站後，陳秀珠做環保時，總是特別關心環保站的老人家，逗她們開心，若有人身體不適，也會前往家中關懷，因為她把這些老人都當成胡媽媽、當成母親一樣看待。

訪視志工鄭雲玲每週固定到環保站付出，有時也陪著照顧戶到環保站做環保。有智能及情緒障礙的江永豪，在鄭雲玲愛心陪伴十多年來，不僅受證為環保志工，連父母也陸續受證為慈誠、委員；十八歲的少女依依，小時候因感染病毒而手足截肢，智齡只有四歲的她，起初來到環保站很怕生，現在偶爾和媽媽一起出現時，看到

▲ 吳秀財出錢買地蓋環保站，讓大家可以一起延續胡媽媽的精神——愛惜物命、無私付出。（攝影／張振成）

熟悉的志工還會要愛的抱抱。

徐素珍關心環保站的裏裏外外，看到環保志工身體微恙，牽起志工的手，親切地關懷她的狀況，並貼心叮嚀「一定要吃飽睡好才來做。」志工感受到了溫暖回應：「來到這裏就像家」，徐素珍的願望是將環保站箍成一間厝。

有書畫專才的林麗卿，每週一做完環保後，義務做書畫靜思語教學，透過書寫靜思語及插畫，讓環保志工抒壓外，還能靜心沈澱思量每句靜思語的意涵。林麗卿說：「這樣大家做完環保，可以凝聚一下感情，不會匆匆忙忙來，又匆匆忙忙回家。」

新忠福環保站不只是回收資源，還舉辦聯誼、共修、讀書會，所以環保站不只是做環保，還是修行道場，更是一個「家」。

不論時間飛逝、人事更迭，忠福社區的志工以愛接力，永續經營社區，也恆持守護著大地的母親。

攝影／張振成

■新忠福環保站

地址：桃園市中壢區延平路90巷307、309號

開放時間：週一、三、四、六／上午7:00～11:00

優點集一身——花蓮環保站

王鳳娥

早上，柔和的陽光灑進慈濟花蓮環保站時，一群環保志工已開始一天的如常工作。這是一個溫馨的「家」，它阻隔了外面喧囂塵味和車水馬龍聲，許多人在這裏安頓身心，找到生命第二春。

花蓮首場環保活動，是一九九二年四月十九日「世界地球日」前夕，在花蓮市花崗山和全省八個縣市同步舉辦「預約人間淨土」——回收廢紙救臺灣林木活動。

為延續「垃圾變黃金，黃金變愛心」，林瑛琚熱心規畫，從花蓮市到全縣設置六十三個回收點，於這年七月五日開始，進行每月一次廢紙回收活動。

八十歲的吳蓮英回憶：「回收日那天，除了邀人來，沒有貨車，借車要拜託、借司機也要拜託。」一語道盡早年志工做環保，難行能行的精神。

一、兩年後，環保定點落實在志工家裏，回收種類也擴及其他資源。二〇〇一年，蘇郁貞邀幾位志工前往臺南麻豆環保站參訪、取經。「我們是不是可以找一個地方，成立像麻豆那樣的環保站？」她提出想法後，大家開始尋找閒置的空地，最後找到在吉安鄉明仁三街一個廢棄豬舍可以出借。

二〇〇三年三月二十二日這天，志工們開始清掃、整理如同廢墟的豬舍。「花蓮終於有一個環保站了！」三月三十日環保站啟用那天，志工歡喜來搓湯圓、包水餃，靜思精舍德慈師父也到場向大家祝福。

未及一年，環保站的地主要收回土地出售，幾經周折，終在花蓮市中央路有了自己的環保站。

二〇〇四年一月一日，中央環保站在大家期待中啟用。所有建材、連鎖磚和地標，都取自二〇〇一年桃芝颱風，慈濟在花蓮縣萬榮鄉見晴村興建的大愛屋；而見晴大愛屋建材，又是一九九九年九二一地震，援建南投縣簡易教室功成身退拆遷而來，所以這是一間惜福「環保」站。

如今，慈濟大學、慈濟科技大學和慈濟中學學生，常態性來環保站學習。待分類回收物堆積如山時，一群學生就像「及時雨」，讓志工們鬆了一口氣，也讓大家看見「環保教育」的新芽在成長。

在環保站一隅，有為數不少的廢棄腳踏車，裏面有一個小小天地，掛滿許多從拆解腳踏車中，留下尚可用的大小零件，例如輪圈、輪胎、內胎、鋼絲線……李正瑋就在這小天地，把可修理的腳踏車「配對組合」，「化腐朽為神奇」，就可以再「上路」。

這大部分來自鄰近慈濟大學畢業生的回收腳踏車，除了要報廢的，若尚可修理，經志工巧手「變身」，就是一部「好車」。每個新學年開始，都有許多慈大新生來尋寶，讓它陪伴度過美好的求學生涯。

花蓮環保站，也常常是跨海求醫患者在花蓮慈濟醫院治療後，家屬和患者將感恩化為行動的地方。

二〇一九年十月，從寮國來的兩個個案：五十三歲板太太因鼻竇癌造成臉部巨大腫瘤，和罕見血管畸形瘤的十三歲女孩班克，他們分別由先生和爸爸陪伴來臺求醫。在歷經六個月治療恢復健康後，因新冠肺炎疫情滯留花蓮。

他們來環保站投入做環保，雖然語言不通，但從他們的笑容和簡單一句「快樂」或「謝謝」中，知道他們對慈濟有滿滿的感恩。或許有一天，他們種下的環保種子，也會在他們的家鄉萌芽生根。

在寶特瓶區，有幾位身心障礙、坐輪椅和躁鬱症志工，他們專注地將寶特瓶蓋子扭開、分顏色、去環扣。「環保站是復健和精神療癒的好地方，他們做得很開心，覺得自己是有用的人。」常年帶腦性麻痹妹妹來做環保的甘月香笑著說，妹妹自從做環保後，表達能力大為進步。

而在拆解區的張阿德，默默專心眼前的拆解工作，動作俐落，看不出十三年前曾經中風，右手右腳萎縮無力。

「為了復健，就想來環保站動手動腳看看。那時右手萎縮無法伸直和放下，就用右手腋下夾著回收物，左手拿工具慢慢拆解。」張阿德笑著細數自己的復健之路：「這樣做環保做了三年，我的右手就可以伸手拿東西；再過了三年，右手有力量拿鐵鎚敲東西了。現在我的兩隻手可以很靈活運用。」

「來這裏做環保，心情很好，又可以免費復健。」張阿德感恩說道。

每到中午，大家都去用餐或休息了，忙碌一上午的環保站長鄭

▲ 環保站一隅，掛滿拆解腳踏車後的可用零件，李正瑋配對組合，讓它們可以重新上路。（攝影／陳毅麟）

金華，汗水早已溼透了衣服，他仍然在看頭顧尾，看哪些地方需要整理和善後……

鄭金華十六歲之前，父母因病相繼往生，和妹妹相依為命，為了生活，他轉讀花蓮高工夜間補校，半工半讀，吃了很多苦。

這期間，兄妹成了慈濟關懷戶，慈濟人定期關懷一年多，鄭金華一直感恩記在心裏：「有一天，我有能力要行善助人。」

二〇〇九年三月自海巡署退休，五月即投入環保的鄭金華，從資源分類、出車載回收，到承擔環保站窗口，十一年來，他任勞任怨不挑工作。他說：「我把付出當成生命中最重要的良能。做環保是行善，又能保護大地，何樂不為！」

這裏不只是做環保的地方，也有多功能的人文活動。除了薰法香、志工早會、讀書會，還有健康促進活動──為環保志工量血壓、帶健康操，慈院醫師團隊也來為大家的健康把關。

攝影／陳毅麟

■花蓮環保站

地址：花蓮市中央路三段403號果菜市場隔壁

開放時間：每天／上午8:00～下午5:00

搬了七次家──小琉球環保站

蔡藜旭

二十年前，林子鈺從高雄回到故鄉小琉球。站在海岸邊，見到海天一色、碧波粼粼的美景，她卻開心不起來，「怎麼海灘上處處是油汙？這些塑膠袋和保麗龍是怎麼回事？天啊！連路上隨處都可見垃圾……」內心滿是詫異與痛心之際，突然想起證嚴法師呼籲的「用鼓掌的雙手做環保」，歡喜之情悄然躍上眉梢。

「我們來做環保好不好？……」她來到好友蔡麗玲的美髮院，滔滔不絕地訴說內心的宏大志願。蔡麗玲邊幫客人洗頭邊回應著，「那會不會被人家笑是在撿垃圾啊？而且我還要開店做生意……」雖然有著滿心的疑惑，但憑著多年的交情，讓她相信跟著林子鈺的腳步行動應該沒錯。

洪月樓率先加入，開始在蔡明進租屋前的空地，做起了紙類及瓶罐回收。白天，蔡進明要忙著幫人安裝排油煙機，洪月樓則要踩踏縫紉機為人做衣服；一到傍晚，他們各自拿起裝備，沿著街邊的垃圾桶翻找可回收資源。

「蔡進明開著送貨的老爺小貨車充當環保車，我們均攤油錢。有一次坐上車，真的好怕車門突然掉下來；還有一次回收紙箱時忘了戴手套，卻抓到一坨爛泥般的雞屎，那股腥臭味久久不散……」洪月樓印象深刻地說。

蔡進明接著說：「為了方便分類，後來改到上福村琉球機場旁，後來又因為借地問題，再換回到我家祖厝做。」

「過去在這裏，不會讀書就一定要走『討海』這條路。」蔡麗玲的先生陳壽山過去在船上做的是「大車」工作，每一次出海都是拿生命拚搏，工作壓力讓他沾染了喝酒伴賭博的惡習。一次機器絞動時，他的指頭被高速收回的繩子扯斷，沒辦法繼續工作。離開大海這個決定，讓他全心投入環保，也改變了他的後半輩子。

許玉政、洪大華與陳壽山十八歲就認識，曾是死忠的酒伴。洪大華不到三十歲就當上船長，曾經一個過年就輸掉三十萬元，「我因為酒精造成短暫記憶喪失才戒酒。我們都認同陳壽山，曾經跑船回來去找他，順便在那裏就跟他做回收。」這三人現在早已改頭換面，是一起喝茶聊天，一起做環保的好幫手。

「因為觀光潮回收量大增，但能做環保的空間有限，因而流失許多環保志工……」陳壽山無奈地說著。後來在大福村借地方成立菩提林環保站，此處的建材運自高雄體育館拆除的回收連鎖磚，張羅與建設讓志工花費了很多心思。

白天在鄉公所工作的洪財勝，自掏腰包購買了一輛環保車，他和太太曾珠鳳利用收善款的同時，啟發了許多的同事、上班族，共同參與夜間回收的載運工作。

在小琉球民眾普遍將回收物視為一般垃圾的觀念下，志工撿拾分類並裝袋的行動，成為當地人力不足的清潔隊最佳後盾。隨著原有焚化爐停用十多年，島內的垃圾量又因觀光與旅遊旺季倍增，每年得花近千萬元經費，將垃圾船運到對岸的崁頂焚化爐處理。

加上島上生活所需物資都靠船運用瓦楞紙裝箱運輸，這些紙箱早期多被當柴薪焚燒；但在瓦斯爐通行後，紙箱被當作垃圾隨處丟棄，成為小琉球回收物的大宗。然而廢紙回收價格低，一趟船運費就足以抵銷回收費用。蔡進明苦口婆心地商請回收場能支付船運費用，回收場老闆找到往來東港、小琉球間，載運建材、重機械的恭成輪船公司老闆黃地芳，負責載運小琉球回收的廢紙。

「從車上卸下、放到船上，運到東港再卸下，一綑廢紙得花上許多搬運時間與人力。」蔡進明友人蔡志鴻開著懸臂式吊架貨車來幫忙，將回收來的廢紙、舊報紙，用繩子紮成一綑綑，用卡車載到碼頭。

「慈濟的回收，我不收運費，但請務必將運費捐給慈濟。」黃地芳對著回收商如此說著，他對慈濟在社會上的貢獻讚賞不已，常提起「一九七七年賽洛瑪颱風侵襲高屏，上人帶著志工在東山寺發放物資，我媽媽和阿姨都有去幫忙……」的這段往事。

志工們委託專業人士製造四只十二臺尺見方的黑網，用來堆疊紙板，再用貨車上的吊車臂把綁在黑網四角的繩索吊起，就可以載往碼頭。從貨車到貨船都可以用機械吊臂升降回收物，大大節省以往耗時費工的人力搬運，這也成為小琉球資源回收的一大特色。

「一袋寶特瓶賣不到二十元，一百二十袋也才兩千四百元，光是每趟運費就要九千元，遠遠大於這些回收物的價值。推動環保的這二十二年來，運費本身就超過兩百萬了……」陳壽山說，幸好有貨運船家黃地芳的協助，讓小琉球的回收可以持續下去。

▲ 陳壽山、陳嘉賓、許玉政、洪大華（左後、右後、左前、右前），在小琉球做環保已近二十年。（攝影／戴敦仁）

近年因為琉球觀光產業正盛行，許多志工也都開始有了工作機會，目前環保站以回收寶特瓶為主，紙類則改由琉球鄉公部門接手。在小琉球的大街小巷、民宿區都可以看得到這些太空包放在路邊，它是琉球蓋民宿後裝石灰、水泥還有爐石回收的太空包，作用就是要讓社區的志工把回收物集中在裏面，方便環保車來載。

琉球二十年環保之路，共搬遷了七次地點，新的環保站座落於大福村中正路，占地三百多坪。環保志工又回來了，每週三志工們相聚在這裏一起做環保。

其實小琉球的慈濟環保志工人數不多，約有二十來位，但是每日就有成千上萬的遊客湧入小島，對比之下，能達到的回收量實在相當有限。然而秉持守護環境的使命，小琉球志工克服萬難，以堅韌恆持的環保精神守護島上環境，不僅讓人情溫暖和善，街道變得乾淨了，景致也變得更美了。

攝影／戴敦仁

■小琉球環保站

地址：屏東縣琉球鄉大福村中正路188-7號

開放時間：每天／上午6:00～10:30

樂齡學堂——佳冬環保站

陳麗英

「他們都是成功的企業家，都能彎下腰一起分類，不怕髒亂守護地球，那麼我一定也可以！」一九九六年，專程從屏東來到高雄「取經」的張桂櫻，被小港漢民國小旁大型資源回收日的景象，深深撼動了。那一天回收分類活動結束後，她就背著慈濟的環保宣導旗回家，插在自家庭院，就此展開屏東縣佳冬鄉的環保之路。

自認不會文筆，沒有好口才，張桂櫻選擇「環保」一門深入，帶著孩子和婆婆，三個人就啟動了。每天晚餐後，打理好一切，三個人走出家門，拿著鐵夾和大袋子，就著夜色沿路開始做資源回收；幾天之後，左鄰右舍紛紛傳言他們一家人淪落靠拾荒維生……

聽到這無稽之談，張桂櫻並不生氣，反而更加積極地逢人就說明與宣導，漸漸地，她發現村莊變乾淨了，於是更努力宣導環保、垃圾不落地，而家中的小庭院也已快要無法容納回收的資源了。

她一則以喜，一則以憂，就在這時，弟弟張光明告訴她一個好消息，他的朋友有一塊釣蝦場旁邊的空地願意出借。

只是好景不常，不到兩年的時間，一九九八年底，這塊空地被釣蝦場的老闆收回。

看到姊姊的憂心，張光明到處尋找可用的土地，隔年向鄰居借了一塊將近三百坪的空魚池。這個地點離張桂櫻的家十分近，她開心極了，像是充飽了電力一般，更積極地邀約大家來做資源回收。

她很努力地耕耘這塊福田，每個星期六、日，都會有二十幾位環保志工在這裏進行資源分類。從一開始的三個人，到此時的熱鬧氛圍，張桂櫻覺得眼前的環保之路充滿了希望與遠景。

佳冬環保站最大的特色，就是有一群七、八十歲年長的環保志工，風雨無阻地做環保。一九九九年，曾八妹開始做環保時已近七十歲，每天都可以看到她推著「離阿卡（拖板車）」，在佳冬社區撿回收物，有人勸她：「年紀大了，不要做了。」她總是回答：「在家裏無所事事，做環保很好。」

「阿姊，這個魚池……地主要收回去了。」二〇〇二年底，張光明突然告訴張桂櫻這個壞消息，她聽了都傻住了，心想：「沒有了環保站，大家是不是就散掉了？」

熱愛資源回收工作的洪陳招霖知道後，坐立不安，積極地騎著機車四處奔走，尋遍佳冬鄉玉光村的大街小巷。她不放棄地四處詢問，終於發現佳冬國中對面的一畝荒廢魚池，她很看好這個地點，馬上撥電話告訴張桂櫻：「我找到一塊地，你一定會喜歡的。」

果真大家都很喜歡這塊地，由組長帶領著志工和地主洽談，地主十分樂意護持，願意免費將三百二十多坪的空地借給慈濟作為環保站。

此時，慈濟的九二一組合屋正好功成身退，佳冬環保站就以組合屋拆卸下來的材料興建而成；自二〇〇三年三月開始，經過慈濟人共同整地及搭建，同年七月十三日，佳冬環保站第四次重生了。當時佳冬區資源回收的小定點就有三十多處，志工們努力地推動落實社區環保。

「師姊，環保站的地主要把土地收回了，我們怎麼辦呢？」二〇〇五年十一月，洪陳招霖來到張桂櫻的家，邊哭邊說。張桂櫻聽到這個消息，也跟著哭了，她頹喪地跟洪陳招霖說：「或許因緣成熟了，應該是換跑道的時刻了。」兩人就這樣相對默默地掉淚。

張桂櫻不由得想起一九八三年，她也是如此地傷心；那一年，摯愛的先生意外往生，她把自己封閉起來、把全家福照片藏起來，害怕人家說她「剋夫」，整整十年的時間，她除了工作，不與他人互動說話，過得非常痛苦。

「是環保救了我。」她擦乾了眼淚，決定就算沒有環保站，也要堅持做下去，因為她要把在慈濟所受到的關懷再傳遞出去，把過去浪費的時間加倍做回來，更要以「過來人」的心，陪伴環保志工，讓大家都能透過佛法找到生命的出口。

楊彩虹不捨環保志業斷失、環保志工「失業」，她不厭其煩地爭取機會找地，終於在二〇〇六年四月再度承租私人用地，那是一處占地兩百多坪的倉庫。雖然租金年年增漲，但大家都堅持要讓佳冬環保站繼續存在下去，因為這是環保志工的「家」，有家在，大家才能延續凝聚共修。

原本空蕩蕩的倉庫，志工們將它整理得有條不紊，除了分類的空間，還規畫出環保教室，延續推廣環保教育，包括佳冬鄉公所、區內的托兒所、屏南工業區的廠家，愈來愈多的機構團體到環保站參訪，學習慈濟的經驗。二〇一五年前後，環保站也引進「樂齡」

▲ 佳冬環保站最大的特色就是有一群七、八十歲年長的環保志工，風雨無阻地做環保。（攝影／戴敦仁）

活動，讓這一群上了年紀的環保志工，身心靈都能充實飽滿。

「做環保，沒煩惱，身體好，心情好。」鄭幸阿嬤總是笑口常開地對旁人說著這句話，七十多歲的她，無論在做環保分類或是參加樂齡活動，都能讓大家感受到她的開朗。

她曾是莫拉克風災的受災戶，那一年，大水衝入她的家，爛泥淹至膝蓋高，是慈濟人在她最無助的時候，幫助她清掃家園，還送給她慰問金。

「我一定要回饋慈濟。」懷著這樣的念頭，她到處打聽慈濟，自己找到了佳冬環保站，從此進入了慈濟大家庭，「能做，就是福，還可以讓地球乾淨。」

鄭幸阿嬤雖然說不出高深的道理，但是她一念感恩及愛地球的心，是佳冬環保站所有環保志工的寫照。

攝影／戴敦仁

■佳冬環保站

地址：屏東縣佳冬鄉民族路20號附近

開放時間：每天／上午6:00～下午6:00

迷你空間超負荷——中興環保站

黃淑真

中興環保站裏，王吳彩雲的笑容無比燦爛，就像灑進環保站裏的陽光一樣耀眼。三十年前，以自家門口為環保點，一輛推車、一雙腳，走遍高雄市大寮區，她說：「走得到的地方，我都去撿。」

環保站座落於大寮區吉翔市場後側，二〇〇五年一月成立後，一直使用至今。

沿著鳳林路吉翔市場往後走，藏身市場後側廣告公司旁，環保站沒有招牌，一點兒都不起眼，空間超迷你，但回收量並不少。

五坪大的中興環保站沒有隔間，只有遮雨棚及置物架，左邊一坪大空間是塑膠袋回收區，後方置物架存放分類完成的塑膠袋，右前方是待分類區，最裏面是紙箱回收區，可說是小小空間大利用。

中興環保站這一帶，是相當熱鬧的地域，多間超市、賣場、商家等聚集，附近還有襪子工廠，因此這一帶紙箱、塑膠袋、瓶瓶罐罐，以及社區住家各類回收物相當多。

慈濟環保車是這一群環保志工最重要的後盾，每星期二、六，會由慈誠志工輪流來載運整理好的回收物到回收廠。

環保志工很感恩有這四、五坪大的福田，相當珍惜，天天用心耕耘，時間不斷地運行，心寬念純做環保的手不停歇，雖然年歲漸長，他們珍愛地球的心依然高昂。

環保站的塑膠分類區很特別，小小的空間，三、兩位志工圍站著，雙手忙碌，時而轉身，時而用力撕掉膠布，原來他們是在區分各類塑膠袋。

他們後方的置物架上用繩線綁著一張張大塑膠袋，用來裝填分類好的塑膠袋，包含ＰＰ、ＰＥ、ＰＶＣ及ＰＥＴ等塑膠材質。

而這樣的塑膠袋分類設計，源自二〇〇九年時環保幹事廖桂英的巧思。當時為了落實塑膠袋分類，就以中興環保站為起點，將附近襪子工廠、賣場以及商場回收來的塑膠袋細分，王吳彩雲也因此成為廖桂英的第一個夥伴。

大寮區回收的塑膠袋，一個月約四噸回收量，目前大宗塑膠袋回收已挪往大寮共修處環保站。而中興里的塑膠袋回收數量，每週依然有三、四百公斤。

八十三歲的王吳彩雲，臉上總掛著燦爛如陽光的笑容，全年無休的她說：「我要做到不能做為止。」

一九九〇年八月二十三日，證嚴法師應吳尊賢文教基金會的邀請，在臺中新民工商演講，提出「用鼓掌的雙手做環保」，號召大眾隨手做環保護大地。

當時王吳彩雲和鄰居張花以及楊玉枝也在其中，一場演講、一句話讓她們的生命因此而不同了，回來後就開始撿拾回收資源的環保人生。

王吳彩雲在吉翔市場打掃、洗碗盤二十幾年，夜市場攤販很多，民眾進出飲食也多，啤酒鋁罐、飲料杯等回收物不少，她總提早在半夜兩點起床先去撿拾回收，三點開始上班，天亮後再繼續回收市場附近商家的紙箱。

「上人說，撿回收可以保護我們的地球，垃圾變黃金，黃金變愛心，用雙手就可以做了！」王吳彩雲把師父說的話刻在心版上，三十年如一日。

剛開始做環保回收，社會觀念尚未普及，不清楚的人都以為是在撿拾破銅爛鐵的拾荒者，當時回收物常常放到哪兒，就會被趕到哪兒。

王吳彩雲回憶說：「早期主要撿鐵罐，還有一些人家丟在路邊不要的紙。那時候很辛苦，沒地方放，甚至曾經放在自家旁、路邊電線桿旁，也被人放火燒……」

雖然不是很順利，也屢遇挫折，但王吳彩雲一念單純的心沒有退轉，也因而帶動街坊一起來投入。

張楊寶珠是王吳彩雲的鄰居，常看到幾個志工與王吳彩雲在自家門前整理回收物。一九九三年先生往生後，兒子無故身體不適，愛子心切的張楊寶珠發願布施為兒子祈福，然後心想：「做好事自家門前就有了，何必跑遠！」隨即加入環保回收行列。

隨後，蘇建銘也因為常看到王吳彩雲及張楊寶珠在吉翔市場後方整理回收物，二〇〇三年時便主動提供廣告公司一部分的地，無償借給慈濟使用，志工歡喜之餘開始著手搭建環保站，由張楊寶珠擔任站長。

一頭栽進環保的張楊寶珠，於二〇〇五年底受證為慈濟委員，中途雖然曾因病痛暫時停下腳步，身體好轉馬上又歸隊，環保是愈

▲ 王吳彩雲（左三）和張楊寶珠（左二）等年長志工珍愛地球的心高昂，做環保不落人後。（攝影／楊文華）

做愈歡喜。

環保志工長期在這裏耕耘，與商家們都很熟悉，志工們也推動環保「清淨在源頭」，多年來，中興環保站回收成果豐碩，市場一帶配合回收的攤販也有多家，儼然已是一座融入在社區的環境保護堡壘。

環保志工清淨行，心寬念純護大地，不知不覺地也帶動附近來市場買菜的街坊鄰居，自動來詢問，可不可以在閒暇時一起加入？來到這裏的志工，有早上來的，有下午來的，有假日才來的，人人做得歡喜。

迷你空間中，志工接力分類，今日事今日畢，因為隔天還會有新的回收物進來，而這就是他們的如常人生。

攝影／黃淑真

■中興環保站

地址：高雄市大寮區捷西路51巷120號

開放時間：每天／上午6:00～下午5:00

輯二

變，我變變變

纖染廠功成身退後——三重環保站

羅月美

跨越一座橋，與臺北市緊鄰淡水河的三重，依《臺北縣志》〈工業志〉篇指出，光復初期，縣內的煉鋼、鑄鐵、農業，紡織機具的製造與生產，三重的工廠數量最多。一九六〇年代，產業邁入勞力密集，三重成為臺灣成衣廠、染整廠的發展重點；到了一九九〇年代經濟環境提升、工資調漲，產業外移，許多廠房逐漸閒置。

三重園區環保站的前身，即是一家纖染廠，二〇〇五年由慈濟承接，沿用舊廠房的鐵皮屋作為環保站，「我們就這樣開始『憨憨地』做了。」環保站資深站長葉明珠笑著說。

從此，每天都有一群五、六十歲以上的樂齡族，騎腳踏車或機車，大多數則坐公車來到這裏，無論帶著什麼樣的心情，來了就歡喜了。身體有病痛的也大有人在，卻是樂天知命地說：「能做、能動、能走，就是上天給咱的好福氣。」

這群老夥伴分坐在不同區塊，有分類區、寶特瓶區、塑膠袋區、紙類區、打包袋區、拆解區、硬塑膠區……有時聊聊生活中的小事，有時相互打氣，最多時候都是認真專注做著手上的事。

在環保站已經十四年的林黃碧說，這裏是老人的俱樂部，大家像姊妹一樣相互疼惜；七十八歲的蔡保妹說，一直忙著做事，憂愁的事情都忘掉了；曾罹患憂鬱症的高清鳳，在這裏人人卻稱她「阿笑」，愛開玩笑又開朗。

葉明珠把每位志工當作家人般照護，「很多人來到這邊之後，會感覺一天沒來好像很奇怪，家裏的人看到他每天這麼高興地出來，高興地回去，也很放心。」

到了早上十點，健康操音樂聲響起，葉明珠指派年輕的林柏均帶著大家動動筋骨、甩甩手、扭扭腰。長者笑容掛在臉上，活潑的音樂也帶動了好心情，似乎年齡倒退了，九十歲像八十歲，八十歲像七十歲……結束後，喝口水再繼續做原本手中的回收。

塑膠袋分類、整理區幾乎占據環保站的三分之一，每個月回收量一萬兩千公斤左右，其中百分之六十來自五分埔的跨區回收。

二〇一二年，家中經營童裝生意的陳金珠，知道五分埔商圈有大量衣物包裝袋可回收，便與王忠孝、詹玉蔭、楊筑安等人，展開跨區回收。首次行動，眾人開著環保車，傍晚從三重園區上二重疏洪道、經忠孝橋到市民高架道路、下來接永吉路，約二十五分鐘就到達五分埔。陳金珠笑著說：「市民高架好像是為我們開的。」

陳金珠結合當地信義區的志工，分工合作。最初規畫將人員分成兩三組異地同時進行，後改為將人員集中，縮短拖、運、收時間，再一街一街進行。看似散步的收、拖、拉，卻需要不少體力，曾有人帶著計步器，一晚竟走了兩萬步。

三重園區環保站，是慈濟北三區寶特瓶和玻璃的集散地之一。在環保站右側廣場，有一半的空間堆置著壓扁的寶特瓶，常常堆成像小山一樣高。每個月由回收公司派專車載運，一輛車大約可裝載六萬支寶特瓶，最多時需要十多輛車才能載完。

二〇一八年起，回收商基於價格不同，要求愈加嚴格。以玻璃瓶為例，以往統一回收，現在則要分成三種顏色，透明、咖啡色、綠色，寶特瓶也是如此，分成透明、綠色、藍色與其他顏色。

為了大愛感恩科技的需要，葉明珠說志工處理寶特瓶的回收很用心。「我們穿的環保衫，摸一摸就知道，如果寶特瓶清理得不夠乾淨，抽出的紗容易斷，會有突起的接線。」葉明珠將身上灰色長袖環保衫的袖子反過來，看不出有接線的顆粒。

「分類得愈詳細，提煉出來的品質就愈高。七十支透明的寶特瓶，可做出一件雙人毛毯，它讓很多災民可以得到溫暖。」葉明珠時常在解說時，讓一般參訪者也能認識到，慈濟的環保回收使用在國際賑災，將臺灣的愛傳到全球。

從環保站啟用就開始到園區做環保，古稀之年的王靜美，常因腰骨關節痠痛而挺不起腰，坐在自製的小板凳上，綑綁著一條條的打包帶，放入麻袋中。「坐低一點，腰卡舒服，在厝也是疼，在這裏可以疼疼做，休息的話，也不知道明天還能不能走。」

想到當初走到園區大門三次都不敢進來，王靜美說：「因為不曾做志工，不曾布施，又不會做好事，哪有好膽？」結果只好向菩薩「借膽」了，她到蘆洲區湧蓮寺祈求：「佛祖，怎麼辦？要做志工又不敢去，在厝又無聊，請給我勇氣。」

第四次終於提起勇氣走進來，看到男眾就問：「老闆，請問這裏有欠人嗎？」以為是求職者，志工客氣地說：「沒有。」幸好有位師姊拉住她，詢問詳細，才圓滿心願，一念直心至今沒有退轉。

▲ 王靜美因腰骨關節痠痛挺不起腰，坐在自製的小板凳上，
忍著疼痛做環保當復健。（攝影／潘吉忠）

堅定的心念，也讓六十八歲的黃許秋英，走過人生突來的衝擊。二〇〇五年的一場嚴重車禍，黃許秋英腦部受創，重度昏迷一個多月，意識清醒後，四肢不聽使喚，處處需要家人扶持，說話無法清楚表達。二〇一一年來到三重園區時，已可拄著枴杖蹣跚而行，葉明珠佩服地說：「她是靠著意志力站起來，剛開始整理報紙，我們會幫她綁繩子，後來她都自己綁，走路也比以前穩。」

鐵架欄框裏，分類好的握把式牛奶瓶、油醬瓶等，右手不便的黃許秋英伸出左手，以傘架做工具，將瓶子勾起、穿進布條，再將串滿的瓶子拖拉至回收區。她笑容滿面地說：「我只有走路不方便，如果當時繼續坐輪椅，就站不起來了。」

時光如魔法，原本是產製各色布料的鐵皮屋廠房，功成身退後，如今轉化為守護清淨大地的場域，串起一雙雙歡喜、自信、堅定的手，共同編織出一個溫暖的家。

攝影／林澤禎

■三重園區環保站

地址：新北市三重區中正北路450號

開放時間：每天／上午8:30～下午3:30

廢棄雞舍——東勢環保站

張如容

雲林縣沿海一帶的居民，大多務農或以養殖為業，放眼望去一片遼闊的大地，普遍可見田園、魚塭、鵝寮、雞舍、豬圈，冬天更有強烈的海風，其中幾處廢棄寮舍，成了志工做環保的中繼站與落腳處。

雲林沿海地區的環保種子，一九九六年於臺西鄉萌芽，以養豬為業的林馬吉與妻子丁阿茶，從臺西鄉蚊港村自家庭院開始做資源回收，量多了，移至海北村的姑婆家。

那時才三十七歲的丁阿茶，身體狀況很差；已茹素學佛的林馬吉，意識到應該轉業，為了家計去學水電技術，考取證照，不再養豬，從此，丁阿茶跟著林馬吉到處施工，兼顧家業、事業與志業。

為做環保，沒人找人、沒地找地，也因無固定場所，十八年間歷經七遷，最後落腳的廢棄雞舍，就是現今的東勢環保站。這一路走來，林馬吉夫婦與志工感念每一位地主的護持，讓沿海的環保得以延續。

早期，在鄉下很多人認為撿拾資源是貧苦人家為生活「拾荒」。丁阿茶不以為然，帶著國小剛畢業的大女兒出來撿拾瓶瓶罐罐，女兒很勇敢，跟著媽媽做；在家的小女兒會幫忙煮飯，還安慰媽媽說：「每個人都有自己想要做的事，媽媽就放心去做。」

一開始，鄰居會好奇圍觀，丁阿茶提起勇氣說明資源回收是行善的事，並邀約：「如果你們覺得不錯，也可一起來做。」就這樣慢慢帶起來，丁阿茶說：「我不怕被人笑，我很愛上人，用上人的法做就是了。」

有一天林馬吉回到家，跟丁阿茶說保麗龍是萬年垃圾無法腐化分解。丁阿茶聽了心有所感：「對呀，下輩子來人間，還會看到它躺在地上！」之後，丁阿茶開始回收保麗龍。

後來，姑婆家的地方不夠使用，丁阿茶借村內一處無可遮蔽的空地，頭頂天、腳立地，在風吹日晒中分類；再搬到借用的廢棄雞舍。跟著做回收的吳壹珠，看到大家很辛苦，提供臺西鄉和豐村的廢棄鵝寮使用；所以在二〇〇〇年有了臺西環保站，回收點從臺西鄉擴及麥寮、四湖、元長、東勢、褒忠等，丁阿茶與林馬吉帶著不怕吃苦的志工們，在沿海展開資源回收。

二〇〇八年起，又多一分力量，蔡清森及黃彩雲夫妻在褒忠鄉有才村自家帶動環保，再將分類好的資源載到臺西環保站。兩人一頭栽入環保後，啟發自己從未發現的潛能，不僅回收地上的資源，還回收天上的雨水。

從事裝潢的蔡清森，在自家屋簷安裝水管，從屋頂收集雨水流入儲水槽，黃彩雲取這些雨水清洗馬桶、拖地、澆花；還回收淨水器的廢水來洗衣服，珍惜每一滴水，一家八人兩個月的水費從一千多元省到只三百多元。黃彩雲成為「省水達人」分享經驗募志工；而蔡清森常到各環保站幫忙維修，被譽稱「蔡萬能」。

志工在臺西環保站已穩定發展，有一天，吳壹珠提出要收回用地種植有機作物，請丁阿茶尋找新地點。常跟著林馬吉開環保車的會員吳金卯，被志工做環保的毅力所感動，便說：「在東勢（龍潭村）我有買一塊九分半地，可無償提供做環保站。」

有了地點，大家高興得不得了，一邊在臺西做，一邊到東勢整地；林馬吉看到進度緩慢，暫時沒去工作，到東勢全力運作。哪裏有廢豬舍、雞舍要拆，志工就趕去收集建材；連鎖磚遠從嘉義回收運過來。邊興建邊做環保，從無到有，東勢環保站於二〇一一年七月九日啟用，臺西站的環保慢慢轉移過來。

約運作五年，吳金卯通知要急售地，丁阿茶接到電話後，想到志工付出的心血將成泡影，獨自哭了一場，「我很不捨，只能轉換心境再接再厲！」

場地沒了，回收量又大，丁阿茶向買主借原地一處小鐵皮棚堆放資源，同時大家分頭找地。有一天，陳秋卿路過昌南村娘家的廢棄雞舍，靈機一動，一通電話打給弟弟陳炯光；弟弟與弟媳立即答應免費提供做環保站。

二〇一四年十月動工，天天有志工投入整地，清糞土、廢棄物，卸下兩棟雞寮瓦片、拆梁移柱，整建出雛形。因環保不能停，未有遮蔽的地方就開始運作，下雨天志工穿雨衣做分類，邊做邊建設，水泥地都是志工來鋪平；水電設備全由林馬吉發心安裝，一些新設施也有善心人士護持。這片約六百坪的廢棄雞舍讓東勢環保站得以延續，二〇一七年十二月十七日終於成立。

第二次誕生的東勢環保站展現新風貌。大門旁的圍牆不是一般

▲ 雲林沿海地區環保種子林馬吉與丁阿茶艱辛走過環保路，從臺西做到東勢，做得滿心歡喜。（攝影／張如容）

▲ 黃彩雲與蔡清森夫妻，每週兩次到東勢環保站做夜間分類，與志工下功夫搏感情。（攝影／張如容）

牆磚，全用回收的氣密窗改造，一格格的白色窗框，在綠樹陪襯下特別醒目美麗；更做到垃圾不進站，整個環保站猶如一座小公園。

堆放二手衣的倉庫鐵門畫上鮮明圖案，是張戍儀和孩子巧手彩繪，張戍儀說：「畫不同顏色尺寸的齒輪，就像每個人有不一樣的專業和功能，必須要相互合作，環保站在大自然中，也扮演這重要的角色。」

志工如齒輪般天天運作，到了夜間，有些志工下班後直接到環保站，黃彩雲與蔡清森開車從褒忠鄉一路接引志工上車。有中風人士、守寡的媽媽與智能障礙兒、慈濟照顧戶，還有一位遊民受黃彩雲感化而戒菸，將抽菸的手變成做環保的手。

雲林沿海的環保志業，自臺西發展到東勢，丁阿茶與林馬吉一路艱辛走過，再到黃彩雲與蔡清森下功夫持續接力。如今，東勢環保站已成為雲林區第二大回收量的環保站。

攝影／張如容

■東勢環保站

地址：雲林縣東勢鄉昌南村5號

時間：每天／上午7:00～12:00
週一、週五／晚上6:00～8:30

車棚的第二春——幸福環保站

陳清香

石牌幸福環保站是何明村與郭麗玉的住家。二十多年前，郭麗玉聽到證嚴法師呼籲環保的重要性，就從回收寶特瓶開始做起。

由於住家鄰近市場，「走在路上，見到寶特瓶，眼睛都會為之一亮。」郭麗玉說起初發心投入時的心情，那種欣喜，就像撿到寶一樣。

她一個人默默地做環保。清早開始做，夜幕低垂繼續做。

當時，看到住家附近陸續蓋起大樓，徵得工地人員同意後，她開始前去回收寶特瓶、水泥袋、紙箱及廢鐵等。環保站的回收量愈來愈多，因為沒有環保車可用，因此商請關渡園區環保站志工，幫忙將回收物載至回收商處。

有慈濟標誌的環保車不定期停在郭麗玉家門口，鄰居漸漸知道她在做環保，於是主動將家中的回收物送到環保站，並且跟著一起投入。

從自家庭院大榕樹下的車棚開始做回收分類。夏天時，有大樹遮陽，還頗為清涼；遇到下雨，穿上雨衣繼續做，「溼」情畫意，別有另一番體會在心頭。歲月更迭，大榕樹於二〇一五年八月，因蘇迪勒颱風帶來的強風慘遭吹倒，已不復存在。

從車棚起家的環保站，囿於是住家環境，不像其他環保站可以整地，進行空間規畫，只能就現成的空間，地盡其用。

早期一個小小的車棚空間，要處理來自四面八方的回收物，場地已十分擁擠。隨著回收量及種類愈來愈多，空間不敷使用，逐漸往車棚後方延伸。運用回收鐵皮及帆布搭建，有了簡易屋頂及圍籬。雖然雨勢大時，偶爾會漏水，但至少夏天可以遮陽，冬天可以阻擋冷風。

至於為何會取名「幸福」環保站？郭麗玉說，早期的環境很簡陋，哪裏漏水，就補哪裏。環境小，大家坐著矮凳，甚至站著處理回收物。空間克難，令人欣慰的是，大家不說辛苦，而說「幸福」。因為投入環保，志工看見的是使命，對於環境，已不在意。

如今，幸福環保站走過二十三個年頭，回收類別小至一根吸管、養樂多的鋁箔瓶蓋，大至家電都有。十五年前，開始回收塑膠袋，成為環保站的特色之一。此外還有另一特色，就是有幾位「黃金」業務員，不定期到鄰近的服飾連鎖店、百貨公司等，回收衣架、包裝袋等。

不論是對內或對外的環保推動，七十二歲的郭麗玉猶如一把傘柄，是主軸；但若沒有相輔相成的傘骨，也難以撐起這把大傘。

七十五歲的何明村，是郭麗玉的先生。八年前，他自國營事業高階主管退休後，全心投入資源回收。婆婆媽媽居多的環保站，何明村是少數的男丁之一，舉凡住家附近市場、水果攤商、服飾店及大樓回收等，都是何明村負責的「業務」範圍。從前那雙拿筆批閱公文的手，如今轉為呵護大地，忙碌更甚從前。

駱蓮花與郭麗玉是四十幾年老友，退休後跟著郭麗玉做志工；後來看她做環保這麼辛苦，跟著投入迄今已十六年。何明村與郭麗玉有家族活動時，駱蓮花就是代班的負責人之一。

林玉珠是學校廚工，每天下班後準時報到。她笑稱：「我們是環保公務員，每天都準時打卡。」林玉珠每天收看大愛電視《靜思晨語》、《人間菩提》節目，師父的法已深深入心。她說：「上人帶頭鼓勵大家做環保，不是為了錢，而是為了保護地球，我們認同師父的理念，用行動表示支持。」

還有一位將環保站視為另一個家的鄭美珠。鄭美珠每天清晨到建泰共修處承擔薰法香開機志工，心靈充飽了法水，再開始一天的環保。環保站內從瓶罐、紙類到塑膠袋分類，都難不倒她。回收處理到一段落，嬌小的她騎著「賓士」到鄰近服飾店載塑膠袋，單車後座的袋子回收量，有時甚至高過她的人。

低頭做分類，鄭美珠也經常抬頭說環保，學校、社區的環保宣導教育，都有她的身影。環保是她一生精進的方向，盡心把愛大地的種子撒播在更多人心中，一生無量。

二十三年來，幸福環保站在克難中，步步踏實走過來。空間沒有變大，但回收量愈來愈多，除了善用每一個空間，一群「死忠」的環保志工，功不可沒。

幸福環保站沒有供餐，沒有打烊關門時間，志工視自己的時間許可，有空就來幫忙處理回收物。早上及下午班，每天大約二十人左右，甚至還有志工晚場加班。大家純粹是看見何明村及郭麗玉的付出，深受感動，所以有多少時間就來付出，點點滴滴累積，也是

▲ 郭麗玉在自家庭院兼車棚開始做資源回收。遇到下雨，
「溼」情畫意，別有一番體會在心頭。（攝影／謝明晉）

造就地球清淨的一股力量。

有多位七、八十歲的環保志工，將做環保視為每天必做之事。早上用過早餐來到環保站，手上邊做回收，還有人可以談天說話，直到中午才相互道別回家。

他們說，生活有重心，日子好過很多。甚至，有位志工在病塌上，夢到的是自己還有很多塑膠袋沒有剪。環保站不僅為地球帶來清淨，安身也安心，成為另類的「長照」場域。

環保站環境雖簡陋、克難，但郭麗玉以誠相待，將所有志工視為姊妹，可以開玩笑，可以吐露心事，大家互動有時更甚家人。這樣的溫馨、真誠，將志工緊緊相繫，早已忘記夏日的酷熱，冬日的寒風，以及回收物發酸的味道，心裏留著的是做環保帶來的踏實，以及心有歸屬的幸福感。

■幸福環保站

攝影／張晏瑜

地址：臺北市北投區自強街189巷15號

開放時間：每天／上午7:00～

眾神退去——臥龍環保站

黃麗珠

陳新發一心想要找一間厝，讓志工們做環保，但臺北市大安區是寸土寸金的大都會區，這個心願幾乎不可能實現。曾瑞洋回憶著以前他和洪清泉，每天開一輛發財車，四處收、到處載，做環保好像到處流浪，沒有一個固定的點可以歇腳，沒有一個家。

陳新發本業從事建築裝潢工程，當時兼做法拍屋生意。有一天，他看到報紙登載臥龍街二〇六號正在法拍；這是一個道教宮廟的道場，裏面供奉有四十多尊神明，此外鄰近墳墓區，周遭的店面幾乎都是殯葬業者。

他猜想，這間房子一般人百分之九十不敢競標，又想自己信仰佛教，而且慈濟環保站是為愛護地球、疼惜子孫做善事，善的力量最大，這是一個好機會，只要想辦法標下來，大安區志工就有自己的家做環保了。

於是他積極在社區奔波，廣邀社區大德有錢出錢、有力出力，終於順利標得該間房子。就這樣大安區志工同心齊力整理，終於在二〇〇六年八月二十六日，有了一間厝，成立了可以固定做環保的家——臥龍環保站。

這間厝，場所不是很寬敞，志工努力在裏頭做回收分類，卻常常寶特瓶沒地方放、硬塑膠沒地方放……陳新發本身是學工程的，他又開始動腦筋想辦法，屋頂等地方可以利用的，就設計利用。

環保站裏疊放回收物，有時候東西多會疊得很高。為了保障大家的安全，陳新發買了一個外面做工程使用的活動架，前面可以擺動吊桿，把架子安裝固定在樓上，爬上去時，繫上安全帶，要高要低可以自己調整，要轉動也可以；東西疊得很高的時候，人員繫上安全帶保護就安全了。這個設計目前只有臥龍環保站才有，因為寸土寸金用心規畫，所以能發揮最大的使用權。

臥龍環保站的地點，開車上北一高、北二高都很近，距離資源回收場、加油站也很近，資源回收進出載運很便利。環保站的正對面是大安分局臥龍街派出所，曾經有人在環保站門口拿走東西，剛好被派出所警官看到，就跟他說：「這是十方大德要給慈濟的東西，未經過同意不可以隨意拿取。」交通便利加上派出所就是鄰居，成了臥龍環保站最大的特色。

曾瑞洋分享：「有了這個環保站以後，就像有了一個家，大家做環保更有向心力，而且會想要把這個『家』顧好。剛開始投入的志工，要多跟他們打招呼，才不會覺得孤單，有些事情主動拜託幫忙，會讓人更有參與感。大家來做環保，背景不一，個人的習氣就要自己調整，所以環保站也是修身養性、心靈成長的好地方。」

高振展也說：「環保站設立之後，除了慈濟志工自己做環保，附近很多在地鄰居，可能是退休、或者是獨居或是親人都出去上班了，在家孤單無聊，都會主動來要做環保，這裏是大家身心相依的好厝邊。」

孫富美剛開始來到環保站時，彼此陌生，又各有意見，常「踢到鐵板」起了煩惱。洪清泉就安慰她：「來，我這裏有一罐活樂膏，今天幫你擦一擦，明天就又是一尾活龍。」孫富美說：「上人常說要尊重、要愛、要感恩付出，上人開了這條路，我們要會走，前腳走後腳放，這些我都學習到了。」

九十多歲的傅火元說：「四十幾年前，人家說我活過六十歲就會死掉。現在我活到九十多歲了，每日早晨，四點五十分出門撿拾環保回收物，路邊、垃圾桶都不放過，六點半回到家吃早餐，七點半準時到環保站做回收、電器維修。我都是全年無休，做環保就是心情好！一方面救地球，一方面活動自己的筋骨。」

陳武基住在環保站附近四十年了，退休前從事修理摩托車工作，罹患癌症痊癒後，在環保站專責修理腳踏車。他分享說：「做環保算是一種職務，有職務，咱就要去做。」他算不清做環保已經做多久了，堅持退而不休，就是要一直做下去。

李明霜每天都會來環保站幫忙廚房工作，此外，她總是細心地在環保站觀前顧後，熱心服務環保站的志工們。李明霜住在附近三十多年了，她說以前這個地方因為臨近墳墓區又是殯葬業密集處，因而顯得冷清，有了環保站以後，來來往往的志工多，資源回收車進進出出，讓這個地方變得很有活力。而她本人，也在服務志工的過程中改變習氣，治癒了困擾已久的憂鬱症。

黎春熔分享：「我來做環保，感受到自己疲憊不堪的心，就如眼前這些回收的物品一樣，雜亂無章。在逐一將回收物分類的過程中，無形中，也把自己內心深處的雜亂一一分類歸位，找回走失的

▲ 臥龍環保站的靈魂人物陳新發，幾乎是全天候守護在環保站內，跟大家一起為守護地球而努力。（攝影／張秋燕）

心，找到人生正確的方向。」

林秀霞會邊做環保，邊分享證嚴法師的「靜思語」，大家聊天時，她不會說是非，而是說一些聽法的心得；有了法水分享，家家那本難念經的煩惱，就在彼此聊天中化解。

她說：「以前這間厝是供奉眾神的宮廟，現在是做環保的厝，以前鄰近的墳墓區也在市政府的規畫下遷移。眾神雖已退去，但是環保菩薩雲集，不但可以做環保愛地球，也可以清淨心地去煩惱，真好！」

陳新發說：「以前沒有環保站的時候，附近老人家大部分去廟裏坐，現在環保站設立了，大家來這裏做環保，既有同伴可以講講話，也有營養美味午餐。」所以環保站是咱的厝邊，更是咱的厝，歡迎大家來做環保愛地球，也來環保站交朋友、廣結善緣，讓生命更加豐富多彩。

攝影／張秋燕

■臥龍環保站

地址：臺北市大安區臥龍街206號

開放時間：週二至週日／上午7:30～下午3:30

美容院不打烊——永昌環保站

曾修宜

臺北市中正區永昌里，日治時期為「馬場町」，俗名「崁頂」，緊鄰的汀洲路早年是萬華到新店的舊鐵道路線。現在住戶以攤販、工商居多，其次是公教人員，社區民風純樸，房舍多是平房或舊式公寓住屋。

位於詔安街上的永昌公園是典型都會住宅區裏的小公園，社區民眾在此運動休閒，高大茂密的老樹下，涼亭和洗石子打造的滑梯，訴說著它的歲月。

在永昌公園旁岔路處，一家原本是美容院的店面，因為前有空地、店裏地下室樓梯間可以囤積回收資源，慈濟環保志工二十年前開始在這裏做分類回收。

八十歲的店老闆賴美姿說，當年美容院生意曾盛極一時，鄰近婆婆媽媽們都會來此剪頭髮、燙頭髮，她也曾經雇用到兩位洗頭小妹幫忙。隨著年齡增加，賴美姿早已把生活重心轉移到做環保。

現在美容院依舊每天一早開門，晚上拉下鐵門，牆面上整排的大鏡子和各式美髮設備依舊，不同的是，地上總會有成堆拆扁的紙箱，來來去去、搬進搬出的則是環保志工和回收資源。

附近鄰居都知道，這裏是慈濟環保回收點，回收的資源是捐給慈濟做善事，所以出門時就順手把家裏可回收的資源帶過來，放在店裏。

每天下午一點多，一群上了年紀的志工，忙完菜市場紙箱回收後，會坐在店面前階梯上休息，聊聊天，這是大家最開心最輕鬆的時刻。

這裏面最年輕的是七十歲的李碧月，她總是為大家準備飲料點心，招呼這群比她大十幾歲的老朋友。她們一起做環保、談環保，也彼此話家常。李碧月說：「我們天天見面，比親姊妹還要親！」

這群比親姊妹還要親的環保志工，住處就圍繞在美容院方圓三百公尺內，都是居住在此三、四十年以上的老鄰居。

做環保是她們的日常，更是她們的使命。她們各司其職，隨時補位，默契十足。

環保站站長郭雪娥有美容院的鑰匙，她不僅固定去附近龍口市場回收瓶瓶罐罐，每天一早會先來開門，把夜裏鄰居放在外面的資源收到樓梯間，然後清掃一下門面。平時，她的任務是隨時巡邏，看看美容院裏外是否保持乾淨，大環保日時，她更負責打點一切。

八十三歲的謝雪，總是戴著鴨舌帽，穿著護腰，頭低低地拉著她的小腳踏車，每天早上去附近的青年公園菜市場，一趟又一趟載回紙箱；年近八十的陳林秀香，則利用小推車幫忙運載；從公家單位退休的李碧月，每週五天騎機車去臺北車站附近的辦公大樓載回收物，近午時分再回來青年公園幫謝雪載紙箱。

賴美姿說：「她們下雨就穿起雨衣載，我看得很捨不得、很心疼，但又覺得愈做愈勇，也是很好、很歡喜。」

謝雪表示：「看到紙箱不去收回來，會覺得有事情沒做完，渾身不自在。」所以，不論大熱天或刮風下雨，只要有紙箱可以回收，她們一定會去收；只要看到任何被丟棄的瓶瓶罐罐，也一定會撿回來。

賴美姿住在對面二樓，從陽臺上就可看到店面。只要看到店裏堆積了資源，就會下來把東西搬移到樓梯間。當樓梯間的資源滿到塞不下時，她就打電話請環保車來載走。小小樓梯間，三、五天就塞滿了，一輛環保車還裝不下。

每週三晚上和週日早上，是聚集附近環保志工的大日子，大家一起來分類，好把資源載走。資源堆在室內，需要往外丟到空地好讓大家分類。賴美姿練就了一身甩功，再重的物資，兩手一抓、腰一扭使勁，就可以丟到空地上。

最吃重的工作，是將地下室的回收物搬上來，必須上下樓梯四、五十趟，站長郭雪娥的先生、八十二歲的游竹根，一直承擔此項重任。

游竹根身體健朗，他說：「人家問我說，做得那麼認真又沒錢賺。我會告訴他，我做得身體健康，不用雇外勞照顧，就等於一個月賺好幾萬！」

看著老父母為環保盡心盡力，幾乎全年無休，游竹根的子女每逢大型環保日總是大大小小總動員。傳承有了曙光，最開心的還是老人家。

游竹根的小兒子游孟憲每週三晚上和太太一起來，承接爸爸在樓梯間搬資源的工作已經兩、三年了。他說：「像是做重力訓練，

▲ 每天下午，忙完菜市場紙箱回收後，坐在店面前階梯休息聊天，是大家最開心最輕鬆的時刻。（攝影／陳昭祥）

真的滿累的。原本都是我爸在搬，就是看他八十幾歲了還做這樣粗重，做兒子的不忍心。」

每次資源分類，等環保車來載走後，大家再把環境打掃乾淨，隔天又等待新的資源送進來。

鄰居們發揮愛心，把資源聚集於此，環保志工們除了賣命地回收，更因為彼此有共同的理念，凝聚一股力量，一起把環保站經營下去。工作之後，大夥兒吃點心聊聊天，彼此交心，彼此關懷，老來一寶的「老朋友」在這裏永不缺。

這裏的環保老菩薩有一分共同的使命，凝聚鄰里居民的愛心，一起做環保。他們過得很開心，有尊嚴，有歡笑，當然也健康。

美容院已不只是美髮的美容院，也是美容社區環境的美容院，是凝聚鄰里愛心的溫馨小站。

攝影／陳彥伯

■永昌環保站

地址：臺北市中正區永昌里詔安街214號

開放時間：每天／上午7:00～下午7:00

休耕農地再利用──福興環保站

李美儒、汪奇諭

「你搭這樣要做什麼？」邱爸爸板著一張臉疑惑地問。

「要做環保。」邱顯泉語氣堅定地回答。邱爸爸聽後沒有再說什麼，臉上微微露出笑容。

早年，邱爸爸就叮囑邱顯泉與三個弟弟，這塊地要空下來，若要耕作，就到另一塊田地去。「以前我爸會罵人，所以剛開始搭建時沒有告訴他，當知道這塊地要用來做環保，他沒有反對，很有善根。」邱顯泉登高望遠，霸氣捐地，將農田變福田。

這是桃園福興環保站，於二〇〇〇年八月十日成立，如今走過二十個年頭，回憶當年，從事油漆工作的邱顯泉，談起他與太太梁玉珠攜手做環保的因緣。

「證嚴上人說，用鼓掌的雙手做環保，我們就開始在工地撿。

事先會跟老闆說明，這是要給慈濟做愛心，免得老闆認為『工作給你做了，還偷拿我的東西。』」邱顯泉設想周到，與梁玉珠把回收物載回家，堆放在自家車庫內，半個月左右就載一趟至成功國小據點，等環保日再和大家一起做分類。

一天，梁玉珠告訴邱顯泉，「車庫堆的大都是紙類，萬一發生火災會很危險！」

「不然家裏旁邊那塊田地屯土起來，做環保點。」邱顯泉聽了太太的話，想了想認真地說。

「你發神經啦！這裏這麼偏僻，誰會過來做環保？你還是捐一百萬比較快。」梁玉珠狠狠地向先生潑了冷水。然而，性格草根的邱顯泉心志堅定地說：「有願就有力！」

兩百四十坪的田地，一九九八年起，由住內壢從事鐵工的張日興，花了半年時間幫忙屯土。隔年整地、搭建頂棚，期間志工們已開始進行回收分類。

以鐵皮搭建、半露天式的福興環保站，畫分成紙類、鐵類、塑膠等六大回收區及一間倉庫，固定每週四早上及環保日做環保，遇到下雨天，大家還得穿雨衣。

住附近的謝麗香，曾起懷疑打電話給住在龜山的堂姊說：「這裏這麼偏僻，怎麼會有慈濟的環保站？」堂姊說：「這一定是騙人的！我打電話去桃園支會問一下。」經確認之後，謝麗香安心地出來做環保。

二〇一四年四月三十日，環保站啟動「薰法香」，志工發心隨喜，添購電視機與電腦。

二〇一六年十二月，附近茄苳環保站土地被徵收，志工們出資搭建二樓夾層、加蓋前方屋頂及修繕漏水的舊屋頂，隔年二月迎來茄苳環保站志工。自此，福興環保站開放每週一至週五，中午供應午餐，分類區也規畫得更臻完善。

一來到環保站，映入眼簾的是火龍果棚下，大白塑膠袋迎風飄曳，這是塑膠袋清洗與晾乾區。

木瓜、蓮霧、檸檬及絲瓜、白菜等蔬果，綠意盎然，緊密交擁在環保站四周。正面馬路邊有兩棵老茄苳樹，矗立在「福興環保站」公車站牌旁，若不仔細看還看不到站牌呢！

邱顯泉與梁玉珠利用做環保之餘，一起耕作菜園與果園，「這地瓜葉留一些，明天煮給環保志工吃。」夫妻倆經常將耕種的蔬果與大家分享，展現鄉下人的溫暖樸實。

「有種菜，都會摘給大家吃。」每天早上搭乘一〇一號公車來報到，八十五歲的鄧湘娥感恩邱顯泉夫妻捐地讓大家付出，「可以救地球又有工作做，我愈做愈高興，愈做愈健康。」

另一位老人家呂阿照在家無聊，來這邊跟大家有說有笑，感覺時間過得很快，「怎麼一下子就要回家了！回家前，兩夫妻都會問我，『裝便當了嗎？』就像一家人，真好。」

處處有人情味，處處有家的味道，還有濃郁的咖啡香。患有小兒麻痺的徐忠正，因為做環保讓生活有重心，他把這裏當成是第二個家，每天早上六點多來報到，第一件事就是煮咖啡，「泡給大家喝，才有精神做環保。」

原本騎機車，為了陪伴老菩薩，六十多歲的蕭錦改坐公車，一到環保站就會先倒杯咖啡品嘗，「邊做環保邊喝咖啡，很享受。」

「獨夜無伴守燈下，冷風對面吹，十七八歲未出嫁，見著少年家……」近午，環保站傳來一曲耳熟能詳的旋律，笛聲清脆悅耳，這是簡榮吉的即興演奏，已經八十多歲的他說：「環保做一做，心情好，就吹笛給大家聽，讓大家也都心情好。」

愛打麻將的邱貴松表示，「剛開始的時候，人家叫我去打麻

▲ 靜思精舍師父至福興環保站進行法親關懷，邱顯泉與梁玉珠與大家分享，當初成立環保站的因緣。（攝影／李昭田）

將，我說我不要，我要去做環保，他們不相信，還跑來環保站突襲檢查，結果突襲兩次後對我說，『你真的很不簡單！』」

「人家講話是出口成章，我是出口成黃，就是會講一些黃色笑話。」楊玉秀過去有空就與家人打麻將消遣時間，說話也口無遮攔。進了慈濟之後，才知道自己從前造了口業，現在一天沒做環保就覺得浪費了一天的時間。

福興環保站，名副其實「福氣再興」，從二十年前的一畝休耕農田，化為一大福田，每天都有一群環保志工在這裏勤耕福田，一起守護地球。

「還好當初沒有堅持唱反調。」梁玉珠感恩有健康的身體可以做，這是她當初立志做環保的心願，她一面懺悔、一方面讚歎邱顯泉當初的堅持與智慧。

攝影／李昭田

■福興環保站

地址：桃園市蘆竹區龍壽街一段298號

開放時間：每天／上午7:00～12:00

等待都更的老厝——重陽路二九二巷環保站

蕭惠玲

南港舊名「南港仔庄」、「南港仔街」，位在基隆河南岸，因昔日汐止市內有北港，南北對稱故名。一九六八年規畫入臺北市南港區，區內有十九個里，幅員廣大，沿街皆是老舊的百年老店。

近年來因應東區門戶計畫，臺北市政府投入許多重點建設，有三鐵共構、南港世貿展覽館、南港軟體園區、臺北流行音樂中心等公共建設，還有許多大型企業進駐，加速南港轉型蛻變成新明珠。

南港區重陽路二九二巷是條典型的老巷道，巷內映入眼簾是兩層式老建築，外牆斑駁老舊，居住在這裏的幾乎都是超過四、五十年的在地人。

隨著南港都市新計畫，周邊陸續興建起高樓大廈，而二九二巷一年等過一年，漸漸年輕人搬走了，只剩垂暮老人，好似一條被遺忘的老巷子。

七十九歲的張詹窗子，居住在當地已超過五十個年頭。二〇〇三年受證慈濟委員後，她積極投入環保，並常常深思民眾濫用塑膠袋問題。

證嚴法師時常呼籲大家少用塑膠袋製品，因為塑膠袋在自然環境中，長期無法被分解，燃燒又會產生戴奧辛，對居住環境造成極大的危害。

張詹窗子單純地想到，南港慈濟志工都無人在處理塑膠袋，於是就起了個念頭，「我要來做塑膠袋回收分類。」她邀請嫂嫂邱桂及小姑張阿春，一起在自家門口屋簷下開始做起，轉眼已過了十多個寒暑。

純樸的老巷道，除了在地人就是老人，巷內十九號房子因火災被廢棄多年，二〇〇五年南港志工承租後合力整修，成為小小的

「南港共修處」，直到二〇〇七年南港志工有了臺北東區聯絡處後，此地成為塑膠袋分類據點，讓志工不用日晒雨淋。

張詹窗子回想，當初從三個人慢慢到現在已有十位固定夥伴，成員都是左鄰右舍，居住在二九二巷內就有六位，每天下午兩點半到四點半，是大家相聚的時光，幾乎是全年無休。

為了讓大家能在比較乾淨的環境下分類，張詹窗子早上先把塑膠袋乾淨與汙穢的分開，髒的先清洗，這分貼心的動作讓夥伴們稱讚不已。

投入成員除環保幹事蘇有箏外，其他人年紀都超過七十歲，最年長者是八十七歲的范快俗，加入團隊將近九年。她住在張詹窗子家對面，三年前開了心臟瓣膜大手術，卻不因此放棄為地球付出的機會，康復後天天來報到。

她和張詹窗子一起做事前分類，她說：「我年紀大了，跑不動也拿不了重物，感謝師父給我們這項工作，讓我天天有事做。」雖然有點耳背，但做起事來動作敏捷又仔細，無論是ＰＰ、ＰＥ或氣泡布的分類，都難不倒她，也看不出她身體做過大手術。

最年輕的蘇有箏是陪伴眾人的靈魂人物，平時幫忙做各項聯繫，也給成員們正確的分類觀念，鼓勵夥伴分類時播放證嚴法師開示，讓大家一邊做分類，一邊又可以吸取法髓。

蘇有箏提到當初教導大家分辨ＰＰ、ＰＥ、氣泡布，花費了很多時間，但還是常分類錯誤，後來她自創簡單易記的代語，「如氣泡布『凸的』、ＰＰ『脆的』、ＰＥ『韌的』（閩南語發音），讓大家比較容易記住，念起來又順口，分類更不會錯了。」

蘇有箏始終堅持要照顧這些環保志工，而他們也不怕困難地付出，因為師父要大家做別人不做的事，塑膠袋分類就是項繁瑣又無經濟效應的工作，但為了要照顧地球，塑膠袋分類是不能停頓的。

八十四歲的邱桂與七十六歲的張阿春，十幾年來持之以恆，令人欽佩又讚歎，跟著張詹窗子攜手努力，邱桂即使腰部受傷無法久坐，椅墊疊了一層又一層，還是天天來，就希望能為地球盡分心力。她從不覺得自己做了什麼了不起的事，長者的智慧在此發揮得淋漓盡致。

住在十九號旁的李美雪，提到剛開始時塑膠袋很臭，裏面還會有很多垃圾，後來張詹窗子會先整理，讓大家做得舒服。

塑膠袋賣不了多少錢，所以沒有人要做，但是師父說過這不是錢的問題，李美雪就覺得做這個很好，所以一定要來做，她說：「我的孩子叫我不要做，這很臭，我還跟孩子說：『你不懂，這是在救你們的未來！』孩子只好交代我一定要戴口罩。」

過去李美雪都去廟裏誦經，天天經過時，覺得做回收是件有意義的事，就自動加入；在此如同一個大家庭，大家邊做邊聊天，感

▲ 因火災而廢棄多年的老厝，志工承租後整修為南港共修處，之後又轉型成為塑膠袋分類據點。（攝影／蕭惠玲）

情真的很好。

塑膠袋回收物來源，除了從南港環保站收集外，大量來自南港遠東科學園區的公司行號，王秀專每天開著百萬轎車一家家去收集，再載運過來分類。她覺得能為地球盡分力是每個人的責任，從不感到辛勞，旁人笑她用百萬名車載垃圾，她也是用微笑回應。

王秀專特別談到：「塑膠袋分類要感恩張詹窗子，帶動那麼多環保志工參與分類，她真的是位讓人敬重的長者。」

三百六十五天無休地回收ＰＰ、ＰＥ、發泡布，每個月有三噸的回收量，讓這群步入老年的志工，有如走向人生的黃金時刻，結下豐碩果實，發揮自我，肯定生命永恆。

重陽路二九二巷這群智慧長者，共同攜手於垂暮之年，用雙手發揮生命良能，再創美麗篇章。

■重陽路二九二巷環保站

地址：臺北市南港區重陽路292巷19號

開放時間：每天／下午2:30~4:30

釣場變道場——福營環保站

林慧石

福營環保站位於新北市新莊區福營路，二〇〇七年起由慈濟承租成立。

當時承擔整修裝潢工作的陳正一說：「這個地方以前是一座釣蝦場，早期我們有西盛跟裕民兩個環保點，二〇〇七年整合來這邊做環保教育站，把一個殺生場所，變成一個造福、積福的道場。」

占地大約七十坪左右，空間有限，但人的心思無限，在福營區志工合力下成為多功能道場。陳正一說：「早上三點多就有志工來開門做早課，接著薰法香聽開示，結束後場地整理一下，接著就有老菩薩陸續到站裏做環保。」

潘建軍和妻子楊川慧清晨三點多就來環保站開門，第一件事就是把環保車開到站外定點停妥。

「這工作很重要，因為環保車沒開出去，後面所有活動都沒辦法進行。」潘建軍說，環保站空間有限，要做最有效率的利用，所以每位志工承擔的工作都很重要。「希望愈多人一起來做更好！」

十幾年來，有很多志工投入這個環保道場，也在這個多功能的道場改變了自己的人生。

楊川慧談到她在這裏薰法香一段時間後的改變。「以前的我個性強勢，加上老闆娘當久了，什麼都是我說了算，我說不可以就是不可以！薰法香後，有次聽到上人說了一句『潑婦罵街』，那時覺得就是在說我！心裏一震，趕快告訴自己：『要乖一點！』」現在的她更能考慮別人的意見和感受了。

另一對常來薰法香的志工郭孟瑜和先生黃德韓，租屋居住在裕民市場旁，就在市場賣水果維生。以前她常常跟先生生悶氣，抱怨沒有自己的房子。

「希望有自己的家，比較有安全感，但是求不得啊！求不得那個心是很苦的！因為房子是租的，那時候心就是揪在一起，一直想要追求，心就很煩躁。」郭孟瑜說：「聞法以後，了解到這是我們的因緣果報，現在會轉念就是一切隨緣，如果有那個福報的話，我想很快就會有自己的房子；如果還沒那個福報，我們就趕快植福。」她表示，現在要做的就是多造福、多積福。

投入環保站的志工老少都有，六歲的吳柏謙常和阿嬤范瑞美一起來做環保。他很喜歡做拆解工作，吳柏謙說：「這些丟棄的東西有些都還可以用，不回收就會讓地球受傷害！」小小的心田，早已把環保的種子植入。

李發權已經七十多歲了，每週有好幾天在站裏開環保車，到各回收點去收集回收物，他說：「每天早上開三趟，下午至少也要開兩趟。」雖然有點辛苦，但他心裏卻有滿滿的歡喜。「過去認為捐錢就是付出，現在覺得來做才是真正的付出，能來到這裏付出真的很好！」

環保站後方是廚房，香積志工每天九點多就到站裏為大家張羅午餐。曾秋香說：「很多志工年紀都滿大了，就像家裏的父母一樣，要注意煮適合他們的口味，也要煮稍微軟一些才好入口。」

「菩薩們！大家洗手準備用餐喔！」近午，香積志工呼喚大家要開飯了，端出一盤盤色香味俱全的美饌。

這時大家開始挪移回收物，分工收拾場地，原本做回收的地方一下子就變成休息用餐的地方。

大家有說有笑地享用營養美味又豐盛的午齋，然後再次整理場地回復成工作區，又開始下午的回收工作。

香積志工就像是環保志工的保母一樣，沒有承擔香積時，還會補位做環保呢！

環保站每週一、三、五開放夜間環保，有些白天上班的志工，晚上六點多來這報到，一直忙到九點左右，把三輛環保車開進站內停好才關門。

每位志工來這裏做環保，都有不同的因緣。翁美珍說：「我那時候做快炒店，手受傷後，從大愛電視知道有這個環保站，白天有空就來，下午再去復健。」

以前她看不慣兒女的房間雜亂，造成親子關係緊張。她表示：「我的個性比較『龜毛』，忍不住整理兒子房間，結果他找不到東西就跟我起衝突。有一次，我們兩個吵得非常嚴重，跟孩子相處得不好，心裏就覺得很苦！」

翁美珍接著說：「來這邊我覺得心情很輕鬆，雖然沒有薪水，不過做事情的快樂比賺錢的心情更好。我本來比較會亂想，范瑞美都會給我正向的勸導，讓我知道去看事情的另外一面，轉個念頭就

▲ 香積志工準備色香味俱全的午餐，大家挪移回收物，將回收場地變成休息用餐的地方。（攝影／蔡淑蕙）

不一樣了！想想都是自己困住自己，不是孩子不好，是我們自己不好。結果我做了一陣子之後，兒子就跟我說：『媽媽，你應該早一點去做環保！』」

吳淑遠是在市場做小生意的攤商，她從裕民環保站就開始投入，一直做到來福營環保站，已經做了十幾年了。

「這裏有很多我可以學習的，可以用在生活上的。」吳淑遠說：「以前在市場做生意，有時候人家不買我就會生氣，還會抱怨客人說：『哎唷有夠奧客的，看了半天還不買！』現在不會了，現在會說：『你中意再買，不要浪費，喜歡的再買。』」

小小的福營環保站，只是都市裏一處「彈丸之地」，志工們讓它在不同時間呈現不同功能。多年來，它已成為志工的另一個家，又像是一所心靈成長教室，許多人在這裏一起付出、一起學習，也一起成長。

攝影／蔡淑蕙

■福營環保站

地址：新北市新莊區福營路283號

開放時間：每天／上午8:00～下午4:00
週一、三、五／晚上7:00~9:00

古厝庭院不閒置——柳營環保站

溫寶琴

一九九六年，住在臺南市柳營區的謝素珍、王牡丹、陳王亂等人，借用十美街百姓公廟旁空地為回收點，每月兩次由環保車載社區回收物來分類，因附近居民擔憂回收物和廢紙堆放，恐生意外而遷移。

二〇〇三年，蔡艷梅經家人同意，提供位於柳營分駐所隔壁、近百坪閒置的古厝空地，以帆布車庫和撐起的大洋傘，延續柳營區環保志業。場地幾經颱風摧毀，數次重新搭建，直至二〇一七年利用善化園區建設工程臨時工務所的粗壯鋼材，才有如今遮風蔽雨的挑高鐵架。

蔡艷梅的先生在治療癌症期間，受到臺北志工張美麗的熱心協助；先生往生後，蔡艷梅在張美麗的接引下，不僅到醫院做志工，也參與慈濟委員見習、培訓，並邀請張美麗到柳營代天院舉辦第一場環保茶會。

二〇〇六年，蔡艷梅罹患大腸癌，病癒後更珍惜能付出的機會，守護柳營環保站；二〇一六年十月，她癌症復發往生，遺願是捐贈大體，成為無語良師。

十來位七、八十歲的阿嬤級志工，是環保站固定班底，個個手巧做事細心。鄰近的柳營工業區，每週都有大量包裝機械的ＰＥ膠膜，需要悉心剔除透明膠帶與金屬碎屑。

附近的小袋鼠幼稚園園長張怡玲，深知環保是日常生活重要的一環，希望從小扎根養成習慣，每年師生都一起參訪環保實做，希望小小孩把回收觀念帶回家。一雙雙三到五歲小娃兒的小手，仔細地將回收物放置在回收籃中。

二〇一八年五月五日，環保站變身為莊嚴的浴佛道場。為了首次浴佛莊嚴殊勝，志工趕早到市民運動公園、菜市場邀約鄉親，一同以繞佛繞法，感念佛恩、親恩、天地恩。

謝素珍自一九九九年受證慈濟委員以來，鼓勵鄰近會員做資源回收，帶動社區推動環保，結下許多好緣。

二〇〇三年起有了柳營環保站，謝素珍瞻前顧後，用心守護至今。她關懷環保志工身心健康，陪伴家中突遭變故者，照顧退化失智者以做環保當復健，一年三節舉辦環保志工聯誼。

蔡艷梅往生前，謝素珍答應全力守護環保站，扛起站長責任外，也用心陪伴蔡艷梅的家人走出失親之痛。

幽默開朗的林洒祥是謝素珍的先生，體恤女眾的體力較弱，獨自承擔所有玻璃瓶的回收整理。他總是提前一天到環保站，先挑出玻璃瓶，在隔天的大分類日拔瓶蓋，再按顏色分裝。每個星期五，林洒祥貼心地為環保志工量血壓並逐一記錄，遇有血壓較高者便會提醒就醫與用藥。

蔡艷梅的長子劉鴻鈞透過母親一點一滴的紀錄，了解環保也願意投入，二〇一八年承襲母志受證慈誠，二〇二〇年起承擔幹部，並參加大愛媽媽校園說故事、手語團隊等。

曾朝清從職場退休後，以三輪車在柳營區巷弄裏運載回收物，鍛鍊腳力，以做環保為生活的重心。他有一雙善巧的手，總是修繕堪用的小家電與人結緣。雖有嚴重的聽障，但與人比手畫腳溝通得以理解時，笑聲洪亮，笑容也特別燦爛。

七旬阿嬤林楊梅，輕微失智，又不喜歡出門，子女上班無暇照顧，鼓勵她到環保站與人互動，用手部運動活化腦部神經，每星期二、五都從麻豆來參加分類。八十歲慈祥和藹的潘陳美枝，是獨居長者，常與大家分享自種的農產品。

黃秀鳳把握分秒投入志工行列，多年前，正值壯年的小兒子毫無預警中風，讓她更加深信「福要做來囥」，負責塑膠袋分類，希望減少塑料汙染環境。

洪水連因腦部退化，常常出門後回不了家，讓家人困擾也擔心；太太希望環保站能收留他，讓他有個去處。謝素珍了解狀況後，親自登門拜訪，希望家人也能陪伴，並請他專責拔寶特瓶蓋、剪瓶環的工作，以保持手眼協調增進健康。

一年多來，洪水連狀況好轉，每當分類日前一晚即備好工作服，很期待地告知家人：「明天是環保日。」

許秀英的先生因病突然往生，謝素珍得知後集合多位慈濟人助念、關懷，也為喪家準備素餐，並教他們茹素為往生的人祝福。謝素珍貼心的舉動，讓許秀英非常感動，捐出奠儀為先生植福，也重回環保站付出。

許秀英成為謝素珍的得力助手，她有條不紊的整理手法，每次

▲ 環保從小扎根，附近幼稚園師生每年都來參訪實做，希望小小孩把回收觀念帶回家。（攝影／劉鴻鈞）

分類後各項回收品綁得整齊有序，場地打理乾淨、臨時廁所也重新洗刷，讓人好生歡喜。

柳營環保站就在離楊益泰住家不遠的地方，上班時都會經過。每當環保日就看見一群志工在裏面回收分類、分工合作，楊益泰都有一股念頭想要加入，只是礙於上班時間無法配合。二〇一四年因聲帶受傷，與人言語溝通日益困難，於是離職休養。

太太黃玲玲建議他到環保站，從拆解損壞的小家電，接著回收物分類，再隨環保車做定點回收。感受到志工都很有媽媽的味道，對人關愛有加，讓他愈做愈快樂、愈做愈心喜。

有愛的地方就是家，站長謝素珍用感恩、尊重、愛跟社區志工搏感情，把每個人安置在最適當的區塊，大家相互分工與提攜，讓環保站充滿愛與祥和。

■柳營環保站

攝影／温寶琴

地址：臺南市柳營區士林里中山西路三段九號

開放時間：週二、五／上午7:00～

從垃圾堆開始——民族環保站

陳惠真、陳春淑

新北市永和區為臺北都會區的一部分，隔新店溪與臺北市的中正區、萬華區、文山區相鄰，南與新北市中和區緊密相連。區域型態以住商混合為主，境內居住大量往來臺北市區的通勤人口。

永和區面積雖是新北市最小，人口密度卻是全國最高，處在如此地狹人稠的地方，要找到適合的場地成立環保站誠屬不易。然而，民族環保站卻已在此屹立不搖近三十年，除了社區志工的護持外，幕後最大的推手，就是蔡水金與蔡劉梅夫婦。

高齡九十三歲的蔡水金與太太蔡劉梅，一九九二年響應證嚴法師的呼籲，積極推動資源回收。

當時，他們的住家對面有一塊堆滿垃圾的空地，經過蔡水金不斷地與地主溝通，終於獲得地主陳先生的認同，無償借給他們一個小角落使用。

成立之初，蔡水金為了宣導「資源回收、垃圾不落地」的觀念，每日守在環保站直到凌晨，苦口婆心勸導大家重視環保，他的堅持，改變鄰居隨手丟垃圾的習慣。

兩夫妻克難的精神著實令人感動，數十年來接引多位社區志工，輪班來整理回收資源。

民族環保站的回收物，大多由志工或民眾自行送來，站內志工以接力的方式全天候做環保。

隨著「厝邊頭尾」的志工作息各不相同，大家一起分時分工，有的一早出門來整理回收物；有的是下班後，再過來將附近市場收攤後送來的資源做分類。

小小的定點，充分發揮小兵立大功的良能，也發生許多溫馨故事。經營家庭美髮的張真，每天利用清晨時光，來環保站整理回收物，八點多才回家，把做環保當作晨間早課。

她說：「來做環保可以學習到很多的常識，志工們都是我的前輩，李羅桂很會分類，寶珠師姊也教我很多方法。比如說，有時塑膠袋下面部分很髒，但是上半部很乾淨，她就拿剪刀把髒的地方剪掉，上面乾淨的就可以回收；還有一些紙罐下面有鐵類部分，我們就把它剪開再分類回收。」

八十八歲的郭素真，每天推著堆放回收物的菜籃車，蹣跚地走到環保站。前幾年動過手術，導致行動稍微不便，但老菩薩不用枴杖，反而利用載回收物的菜籃車來替代枴杖，依然天天到環保站報到，就是堅持要做環保。

二十多年來風雨無阻，不辭辛勞地付出，日日守護著環保站。郭素真自謙地表示，「是自己歡喜心要來做，又不是別人叫我來做的，來這裏可以認識一些人，沒有出來就無法認識人，而且每天做習慣了，沒來心裏會有一點放不下。」

說起做環保的因緣，郭素真娓娓說著，當初是鄭格帶她參加永和國小的大環保回收日，可是每個月才做一次，之後就跟著來這裏做環保。

剛開始來做的時候，都是早上七點多就來，還自己帶便當來。現在年紀比較大了，在家吃過中餐後，十二點多才過來，下午大約做到四點多才回家，有時回收量比較多，會到五點多還在做。

「感恩吶！我還可以來做環保。」老人家覺得只要一天不來，就全身很不自在。那一分單純付出的心，讓人非常感動。

「還好有阿真師姊在整理，她非常愛乾淨都整理得很好，還發願要做到最後一口氣。我平常大約做到十一點多，有時候東西多，就做到阿真師姊來才離開。」褚淑霞表示，做環保很有意義，把不要的東西回收再利用，能夠減少資源浪費，每天來做環保就像是在做運動，感覺生活比較充實。

李羅桂投入環保二十多年，問她為什麼能堅持來做環保？她只是笑著說：「環保站有很多回收物要整理，在家閒沒事，就來做環保。」

近幾年來，因先生行動不方便，需在家照顧，李羅桂仍時時不忘做環保，利用一大早的時間，騎著腳踏車至環保站，每天都是「第一名」。她喜歡和鄰居分享環保資源回收的重要，少用塑膠袋，回收再利用，而且要做好分類。

陳暖表示，因為蔡水金年紀大了，環保站需要有人來接手。自己剛接手的時候也會起煩惱心，擔心承擔不起，還好有這麼多人來護持，大家相互成就，才能使環保站持續正常運作。

陳暖感恩地說著，前一陣子自己身體微恙，在家休養復健。期間就有很多人排班來協助，環保站不會因為缺她一個就不能運作。

▲ 民族環保站的成立，蔡水金（中）與太太蔡劉梅（左）是最大推手。（攝影／陳春惠）

環保站，至今仍聚集附近的老人家在此做回收。全年無休，提供社區民眾一個活動的場所，也讓大家為淨化環境盡一分心力。

隱身巷弄的民族環保站，設備簡陋，在先天條件不足之下，志工們發揮巧思，利用雨水回收來清洗回收物及刷洗地面。志工表示，做環保是保護地球資源，老天都會幫忙，沒水的時候就會下起雨來，讓他們能儲水備用。

後來，藉著政府地下水道工程進行時，志工們拆下老舊破損的牆面，自費修補並重整屋頂，讓整個空間煥然一新，也更顯得寬敞舒適。

民族環保站靜靜地以敞開的空間，二十四小時守護著社區的環境衛生，且因為志工的堅持與投入，讓小小空間增添了人間該有的溫度。

攝影／陳春惠

■民族環保站

地址：新北市永和區民族街43巷2號旁

開放時間：每天／上午7:00～

物流公司停車場——長安環保站

張美智

長安環保站位在桃園新屋交流道旁，自二〇〇七年啟用至今，上方高速公路上的車輛依然奔馳，環保站旁停著幾部中衛物流公司的大型聯結車，做出發前的車檢，隨後一輛接一輛出發去載貨。

清晨的長安環保站，依然可以聽到啁啾的鳥叫聲，似乎歡迎著志工的到來。將近八十歲的廖振淼騎著腳踏車來到環保站，走路進來的郭秋玉，還有滿頭白髮的謝鍾金針，總是早早來到環保站。

住在山仔頂社區的謝鍾金針，到這裏要轉兩趟公車，但她不以為意，笑笑地說：「我現在搭公車不用錢，而且車班多不用等，站牌就在環保站門口不遠處，很方便！」

剛從自家轎車下來的溫秀蓮，看到由外籍看護陪伴走進來的沈媽媽，道了聲：「早！」三人說說笑笑地走進環保站。

「師兄，你怎麼這麼早？」溫秀蓮向廖振淼打招呼。

「是啊！反正睡不著，乾脆來這裏做環保。」正在拆解廢棄馬達的廖振淼回答。

尚未退休前，廖振淼每週六、日與志工邱慶隆一起到各資源回收定點運載回收品，二〇〇一年退休後，他獨立回收環保資源，中央大學後門停放的垃圾子母車、中壢聯絡處志工轉達社區民眾家中有環保品要收，他二話不說開著三輪鐵牛車立刻前往，收回的物品在自家旁的空地讓社區志工分類。

廖振淼做環保愛地球的舉動，感染許多民眾，使得環保回收物日益增加，空地空間逐漸不敷使用，於是另外尋覓地點。

二〇〇六至二〇〇七年間，志工在平鎮區高雙里舉辦愛灑活動，活動前的社區敲門邀約，碰到了從事物流業的沈士智夫婦，他們聽姜懿容介紹慈濟後，不但認同還加入會員。

多次互動言談中，沈先生有感於慈濟是個慈善團體，加上母親沈蔡水綢平時就教導他：「多做善事！」於是沈士智撥出公司停車場部分土地，無償提供慈濟使用，成就了長安環保站。

環保站成立後，廖振淼負責環保品的運送，只要打電話說有回收品，他立刻開車出門去載，他笑稱自己是：「隨傳隨到的環保土地公。」載回的環保品需要整理，他又化身成為環保站的班長，號召更多人加入這個大家庭。

環保站內，溫秀蓮常駐在此，雖然她的身體狀況不太好，但是她堅持了十多年。從廖振淼家旁的空地到長安環保站，無論刮風下雨都來。

廖振淼出外收送環保品時，她就整理回收品，從堆在門口的開始，心中感念沈老闆的善心義舉，為了保持環保站整齊清潔，不讓凌亂的回收品影響物流公司的門面，溫秀蓮一定先把入口處整理得乾乾淨淨。

「反正年紀大了，全身骨頭都不對勁，痛是一天，歡喜做也是一天。」溫秀蓮細說，她歷經了頸椎開刀兩次、脊椎兩次、膝蓋一次，始終抱持著心念，能做就是福，結果愈做愈歡喜。

沈蔡水綢是沈士智的母親，不但支持兒子提供土地做環保，自己也由外籍看護陪伴，拄著枴杖緩緩步行，來到環保站和大家一起做分類。

有段時間，沈蔡水綢因為小兒子過世，變得悶悶不樂，志工們常常陪她聊天，每天說說笑笑，才逐漸走出傷痛。如今沈蔡水綢已高齡九十三歲，行動雖然不很方便，但她不讓自己在家閒著，每週一至週五都由媳婦開車到環保站。

每天出門前，郭秋玉都會投銅板進竹筒，投完後合掌祈願：「我今天要去長安環保站做環保。」如果志工來得少，她會發好願：「請菩薩、請上人號召大家來救地球。」果然人就漸漸出現了，她很開心也很感恩，因為菩薩都聽到她的心聲了。

同時是塑膠分類達人的郭秋玉，二〇一三年開始，每天早上從中壢高中一路走到新明站搭公車到高雙村站，下車後再走一段路才到環保站，數年如一日。可愛的她有個搭車小插曲，許多年後才知道，原來用市民卡搭公車免車錢。

環保站內的塑膠袋數較多或不好做的時候，郭秋玉起了煩惱，一個早上只做好一袋，這時，她在心中提醒自己要放慢腳步，心靜下來之後，一大片的塑膠袋山，不一會兒就處理完了。

嫁到中壢的謝鍾金針，是一個全職的家庭主婦，在她五十多歲時，兒子、媳婦丟下三個孫子，謝鍾金針不忍孫子無人照顧，只好帶在身邊撫養。為了生活，謝鍾金針兼了很多份工作，先生在家照顧孫子的生活起居及接送上下學，日子在忙碌中飛逝。直到先生往

▲ 沈士智夫妻記取母親沈蔡水綢的教導，撥出物流公司停車場部分土地，無償提供慈濟使用。（攝影／李重義）

生，謝鍾金針也已八十歲了，孫子長大成人，外出工作賺錢，孝順的他們不肯阿嬤再為生活辛苦奔波，希望阿嬤享清福，順著孫子的孝心，她退出職場，留在家中。

沒有工作的她閒得發慌，偶然因緣下，鄰居好友馬秀丹帶她到長安環保站，她一做就愛上了環保工作。謝鍾金針每天早上四點起床，在住家附近公園散步，回到家做好家事，再從平鎮山仔頂搭公車，轉兩趟車到長安環保站。謝鍾金針笑瞇瞇地說：「會做的工作就拿來做，能做才是福，不然在那裏浪費時間也不好。」

由於平鎮這一帶大都是客家人，少部分是新住民和閩南人，大家不分你我他，一起努力做環保愛地球。當工作告一段落休息時，大家放下手邊工作，一起享用客家道地的鹹湯圓，感受著濃濃的團圓味和滿滿的幸福。

攝影／溫巧好

■長安環保站

地址：桃園市平鎮區長安路15巷38-1號

開放時間：每天／上午8:00～11:00

山中度假小屋——福氣環保站

謝秀完

虎頭山旁蜿蜒山路，兩旁樹木茂盛，是登山健行休閒好步道，平常除了無極三清宮參拜香客，附近居民也常利用小徑運動散步。

每週一、三、五，一群人聚集在山中小屋分類各種資源，有塑膠袋、紙類、玻璃瓶、芭樂袋、鋁罐、鐵罐、寶特瓶等。他們或坐或站，有人白髮蒼蒼，也有退而不休，不畏髒亂只想為大地盡一點心力。

福氣環保站占地約一百坪，後面一大片樹林與山景，兩旁幾棵果樹還可以遮蔭，簡易兩層高小鐵皮屋，一樓前空地是分類區、二樓堆放清洗後塑膠袋，山上沒有住戶，滾來滾去的玻璃罐與鐵罐聲不會被抗議，收音機播放證嚴法師開示法語，法水滋潤志工心靈，造福與修慧並進。

說起環保點的沿革，從最初的北門國小、春日路會稽國小，到後來鐵工廠老闆娘許湘淳發心，將工廠停車場無償出借，二〇一一年又再輾轉回到桃園靜思堂停車場。

最初只搭了幾頂簡易帳棚就開始做回收，後來搭起兩層樓高的簡易鐵皮屋，開放時間不管制、隨時可以來分類。大家有說有笑，每天約有三、四十位志工各司其職，把這地方當快樂休息站，因為能結交朋友又共同做好事。

簡月英與先生徐石金，每天清晨四點到果菜市場撿芭樂袋，拉著小推車一攤一攤撿，雖然八十幾歲還是堅持一定要做，芭樂袋是從他們開始做才擴及全省。徐石金前幾年因病往生，簡月英也不敵病魔而逝，她生前總說：「芭樂袋丟掉是垃圾，回收變資源，為了下一代子孫及地球好，老了做環保最好。」

黃錦蘭每天六點準時到環保站報到，她說：「我們早班分類有七位好姊妹，年齡都七十歲以上，天天一起做事比姊妹還親呢！」

許琇惠天天坐公車到環保站風雨無阻，路上有寶特瓶一定去撿，她說：「沒撿很難過。」

靜思堂周邊大樓林立，環保站遭住戶抗議很多次，不得已只能忍痛結束。志工除了傷心難過，頓失精神寄託。

張阿堂原本全年無休，當環保車助手協助到各定點收集，沒跟車後頓失寄託。每天在家看電視也被電視看，一段時間後輕微失智，常常把馬桶塞滿衣服，出門忘記回家的路，走失兩次家人四處協尋不著，還好有人看到通知警察，才順利回家。太太為了照顧他用盡心力，最近張阿堂已嚴重到必須住日間長照中心。

陳素飛說：「沒環保可以做，每天不知要做什麼，在家看電視也不是辦法，利用早上薰法香，再去拔靜思堂朝山道雜草，也拔除心中雜草煩惱啊！」

程燕菁和先生王永川花了很長一段時間找地，最後買下虎頭山旁一片寬廣的山坡地。

經過整地、打掃，福氣環保站終於在二〇二〇年一月五日啟用。地上建築原是前屋主的山中度假小屋，現在成了眾人保護大地的場所。

身手俐落的范振源負責開環保車，一天要跑好幾趟，從一週五天到一週三天，十九年不間斷。問他為何一直堅持？他笑笑回答：「做環保比較自由，有工作就做啊！當作運動對身體也好。」

五十八歲的張乃今因為洗腎，兩隻手臂都是一個個血管瘤。她專注剪塑膠袋標籤和歸類，雖是市政府列冊的低收入戶，病痛纏身，還是不放棄做善事的機會，做環保一晃眼已六年時間。

黃詠禎本來都在慈濟大學社教課學插花、纏繞畫、抄經等，六十歲退休後全心投入環保。問她學插畫是那麼優雅與藝術，來環保站又髒又亂，怎會習慣？「不一樣喔！插花是心靈提升，做環保讓生活環境變乾淨，身體也健康。」

八十五歲的葉鑾妹天天坐公車再走路到環保站與巧藝教室。她從五十歲開始在家附近回收分類，後來環保站點不斷更換，卻沒打斷她的一念心，現在每星期一、三、五做環保分類，二、四、六就到巧藝教室學縫布包，時間不空過。

鍾水花天天載九十歲失智婆婆陳美雲到環保站分類，為了專心照顧婆婆，幾年前辭去工作，婆婆生活起居無法自理，鍾水花親自打理一切。婆婆最喜歡拆雨傘的工作，還參加讀書會、長照關懷，一星期排滿六天活動，假日換先生照顧，鍾水花才有休息空間。

陳素飛早上先在靜思堂薰完法香再來環保站，投入環保已二十幾年，她負責拆解電器類，拿鐵鎚敲打輕而易舉，「環保是我最愛的，活在世間做一點好事，感覺很有意義！」她開心說著。

▲ 福氣環保站位在虎頭山健行步道旁，原是一處山中度假小屋，現在是守護青山綠水的環保園地。（攝影／卓秀蔭）

八十歲羅寶玉穿著圍兜專心分類芭樂袋，她從基隆做到桃園將近三十年了，帶動女兒彥慈進到巧藝坊，母女倆無論是香積志工、福田志工，只要能做的，她們都願意做。

陳麗紅投入環保六年，她說：「我七十四歲了，閒閒在家一天就過去，孫子已幫忙帶大，沒有家庭顧慮，愈做愈歡喜，身體愈健康，兒孫也贊同，做到就賺到！」

游宜臻默默整理塑膠袋，「我愛慈濟，做二十幾年不累，身體好、精神好，很快樂！」爽朗笑聲驗證她所說。

陳敏枝從高雄做到桃園，她專做塑膠袋清洗、晾乾，工作既髒也累，「兒子說打電話找不到媽媽，媽媽那麼忙？」陳敏枝智慧回答，「白天找不到，晚上打電話啊！」她分享道：「上人的法感動了我，我要認真做，垃圾才會減量，救地球護大地。」

集眾人福氣成立的福氣環保站，福氣啦！

攝影／卓秀蓤

■福氣環保站
地址：桃園市桃園區三元街568號
開放時間：週一、三、五／上午7：30～12:30

輯三

有愛，無所不在

華翠橋下——中正萬華環保站

洪綺伶

清晨三點，大地還是一片靜寂，環南市場、果菜市場已經萬頭鑽動，人聲鼎沸；日間，大理街服飾店林立，批發、零售人潮不絕；龍山寺香火鼎盛，信徒虔誠膜拜；夜幕低垂，華西街觀光夜市喧嘩熱鬧。來來去去的足跡，堆疊出萬華老社區的風貌，旺盛的活動力，帶來商機，也留下豐沛的垃圾資源。

位於華翠橋下，占地一百多坪的中正萬華環保站，緊鄰環南市場、環河快速道路旁，不遠處還有果菜市場和大理街服飾商圈，地緣的優勢，每天回收量龐大。由於空間獨立，且充分利用，分隔出二、三樓，得以清楚分置各類回收物。

三十年前，易鄭招娣聽到證嚴法師呼籲，就在萬大路四八六巷開始做環保，目前當地已有一百多個大小環保點，由八輛環保車來回運載回收資源到環保站集中分類。

在環南市場工作的黃陳瑞雲、魏吟等志工，從清晨起就開始整理紙箱等資源，再以手推車推向環保站，這一趟十分鐘的路程，每天來來回回好幾趟。

果菜市場的魚類區、水果區、蔬菜區，也都有人站出來，整理回收物。大理街服飾商圈，包裝的塑膠袋特別多，志工每天去收取，也帶動店家幫忙整理，方便回收。

簡玉蓮長期至新和國小、附近店家回收資源；近二十年來，林玉惠的自家環保點，終年只休一天回家祭祖，她還負責民和街每週三的夜間環保；邱瑞瑕在寶興街住家設環保點，從原先的夜間環保，變成像便利商店一樣，左鄰右舍都會來幫忙；黃能讚每週二、五夜間運載回收物，風雨無阻。

每天早上七點，許多老人家在環保站等著開門。九十四歲的葉清泉，駝著近九十度的身子，由媳婦開車送來，外傭陪在一旁；找到熟悉的位置，他撢撢小椅子，戴上手套，雖然兩眼視茫茫，仍動手剪寶特瓶口圈環。

葉清泉原在南部務農，北上養老不適應環境，還好有環保站，讓他有事可忙，且一做就是十年。兒子說，爸爸做環保，心情變開朗了，偶有一時病痛，也不擔心病情，只煩惱環保做不完怎麼辦。

由晚輩送來環保站的還有林金葉阿嬤，兒子騎機車送她來，她撕著紙張分類，十多年來做得很快樂。早上志工幫她量血壓，提醒她數據有點高，並記錄在家庭聯絡簿上，請她回家要拿給兒子看。她將家庭聯絡簿視若寶貝珍藏著。

除了做環保，環保志工的健康狀況也是大家關心的，量血壓是每天必要的保健功課，如果老人家數據偏高，志工會打電話通知他的子女，在家庭聯絡簿上做提醒。

點心時間到了，清涼的紅豆米苔目令人消暑解渴，放下手邊工作，享受著被關懷的幸福感，家的感覺每天吸引著八、九十位環保志工聚集在此，為資源分類回收而努力。

午餐時刻，老人家帶著午餐盒、家庭聯絡簿，走出環保站，子女開著車子在門口等候，接老人家回家用餐、休息，隔天再來。

吳娣妹在環保站用過午餐，拄著枴杖讓中風後半身不遂的身體得以平衡。她跨上電動輔助車，挪出一點空位，載周來有一程，免得她頂著大太陽走回家，在這裏，同伴都相互疼惜。

二〇〇八年十月環保站剛遷移到華翠橋下，由於回收數量多，缺乏規畫，資源擺放凌亂。二〇一〇年十一月，證嚴法師行腳來到萬華，開示提醒，志工便動手重新改造。

華翠橋上快速車道分南北雙向，南來北往的車子分向行駛，左右兩邊車道分隔間有兩米的隙縫，下雨天時會滴水，會將回收紙張淋溼而變廢紙，志工也會淋雨。張尊華負責規畫，張國棟利用水電工程專長及多位志工協助，以銹漆板在縫隙間搭起透光防雨的天棚，解決雨淋的窘境。

環保站天天開張，中正、萬華區志工輪流值星，組隊長以身作則帶動，形成「今日事今日畢」的共識，讓運作順暢不打結。

這一天，值星的徐水煙六點就開啟環保站大門，吳江宏的午餐店固定在這天公休，大家放下手上的事業，共同將當天的回收量處理告一段落，將不同的材質載往回收商處。男眾志工還會在下午將環境清掃乾淨，方便隔天輪值的團隊接手。

回溯中正萬華環保站的歷史，從一九九六年在寶興街設站，吳江宏是站長；二〇〇〇年遷址到東園街，二〇〇四年遷回萬大路中正萬華聯絡處，站長陳銘泉；二〇〇六年遷址到萬華火車站前臺鐵空地，二〇〇八年遷址到現址艋舺大道四六六號華翠橋下，站長吳

▲ 家的感覺每天吸引著八、九十位環保志工聚集在此，為資源分類回收而努力。（攝影／陳昭賓）

秀雄；二〇一一年站長周金盛，二〇一六年站長吳秀雄，二〇一八年站長周金盛，二〇一九年站長李英杰，近三十年來環保志工堅守崗位，譜寫出環保站進步軌跡。

環保車進進出出，載回城市的髒亂，也送出滿滿的資源，堅持在一天結束時，還給這座城市清淨的樣貌。

晚餐後，楊麗淑撥打電話，關懷缺席兩天的林金葉阿嬤，原來阿嬤受了風寒，兒子強制她在家休息，「我已經好很多了，明天可以去『上班』了！」聽著話筒傳來阿嬤雀躍的聲音，楊麗淑放下了牽掛。

近三十年來，是這一群環保夥伴的愛，深深牽繫著她，人人將環保站當自己的家，用心看顧，共同守護著大地。

攝影／楊麗淑

■中正萬華環保站

地址：臺北市萬華區艋舺大道466號華翠橋下

開放時間：每天／上午7:00～下午4:00

山上人家──東原環保站

溫寶琴

成立於二〇〇六年的東原環保站，位於臺南市東山區偏遠山地的東原里，東原國中右前方。借用的土地面積約六百坪，是慈濟委員陳素娟的公公王榮清和友人陳先進共有。

陳先進有一女在中臺禪寺出家，一家人非常護持佛法，得知陳素娟等人有意成立環保站，便欣然提供土地，讓志工在山裏帶動環保。二〇一二年十二月由志工張振欣見證，陳素娟、吳寬益與兩位地主簽署無償無限期使用契約，惟地主欲收回土地，志工須回復原狀歸還。

二〇一四年，鄭宗智和吳寬益購買鐵皮建材，聘請鐵工師傅配合志工，協力搭建一方遮風蔽雨的分類區。

時間回到二〇〇三年十一月，鄭宗智與李淑珠二十一歲的兒子剛從警專畢業，考取消防人員，在臺中港工作才一個月。一個放假日準備回臺南，和同事共乘機車要去搭客運，不幸遇上死亡車禍。

接到噩耗，李淑珠悲慟不已，「他是我唯一的兒子，老天爺怎麼開這種玩笑？」喪子後，李淑珠一直尋尋覓覓，想要知道兒子到哪裏去了？事情為什麼會發生在他的身上？那幾年她的心飄飄渺渺，一直想找解答。

她和陳素娟原本都在中臺禪寺禪修，陳素娟受證慈濟委員後，邀約李淑珠加入會員。社區志工吳寬益透過陳素娟認識李淑珠夫婦，知道他們痛失愛子的錐心之苦，給了李淑珠一本慈濟出版的《生死皆自在》小書。

當晚李淑珠看到那句「生者心安，才能讓亡者靈安」，這才想起從小常跟著熱心公益的母親到仙公廟做義工，面對兒子離去，母親也常勸導：「凡事有因緣，有空不如多做點善事。」當下，李淑珠覺得自己該放下對兒子的執著，他才能隨著因緣輕安自在而去。

陳素娟加入慈濟後，參與國小大愛媽媽說故事，對環保有了概念，和好友陳惠文、吳寬益夫婦集思廣益，找地成立環保站。陳素娟向先生提起，意欲商借公公東原路邊的土地。另一位地主是李淑珠家隔壁的中藥店老闆陳先進，一聽慈濟要借用即爽快答應。

接下來，陳素娟、李淑珠與羅瓊秋等人挨家挨戶宣導，遇到年長者就提醒他們：「晨起運動，路邊的寶特瓶、鐵鋁罐隨手撿回來，可以讓環境乾淨，還可以放到定點回收，護持慈濟做好事喔！」若有鄉親願意護持善舉，就告訴他們：「累積一定的量，電話通知一下，我們就安排時間來收。」

吳寬益在社區募款，買了三個二十呎的貨櫃屋放置路邊，當內外圍籬也充當工具室。接著，環保站需要水電，又來請教鄭宗智。他們以兩個超大橡皮桶裝接地下水，用三個回收修繕的家用水塔收集雨水，解決洗滌問題。

兩人一起規畫處理好水電問題，也培養出默契，了解在山區開疆闢土做環保，少不得自己的一分力。鄭宗智本身是水電技師，白天在臺電外包工作，早晚有山坡果園農務要做，但因了解山區人力有限，於是義不容辭投入運載工作。

水果採收期間需要人力，很多人習慣以罐裝飲料取代茶水，因此寶特瓶回收量極多，兩個星期就能載滿三噸半的環保車。山區回收是滿山遍野地跑，範圍極廣，近幾年原物料價格低落，家戶多會放置定點，或告知志工到府收取，因此工作量、回收物漸增。

山區裏的志工，家家戶戶都務農，特定水果龍眼、橘子、柳丁採收期，大家都很忙碌，仍要調出時間巡迴定點，深怕一次沒照時間去，鄉民堆積資源多了，環境就會顯得雜亂。

鄭秋源與鄭宗智比鄰而居，雖然年紀略小些，論輩分卻是鄭宗智的堂叔。兩人有志一同，搭檔負責一條回收動線，分類好的資源由他們一人一車載到東山舊貨商販售，寶特瓶、舊衣另載到專門地方處理。

鄭秋源的太太羅瓊秋除了做環保身手敏捷，生活、香積與福田、園藝等志工都不落人後。「只要出力就能做好，這沒什麼技巧也不難啦！」羅瓊秋一派輕鬆地說。

羅尤惠阿嬤是第一批來到東原環保站，也是年紀最大的志工，受證環保志工已經十四年。八十八歲的她性情開朗，每到分類日，總是早早開著四輪電動車前來，不論資源分類或是整理寶特瓶，手腳穩穩，做得自在歡喜。

有段日子分類是在晚間，阿嬤的兒子、媳婦顧慮安全，總是叮嚀再三。山區小黑蚊多，阿嬤出門都先做好自我防護，襪子、手套，還用披肩保護頸子。看著別人抓頭搔腳，阿嬤如如不動專注的

▲ 東原環保站早期沒有搭車庫遮陽，志工長達八年時間都是在大樹下做分類。（攝影／陳素娟）

身形，真是有備而來。

為什麼能堅持十四年不退轉？阿嬤不疾不徐地說：「環保做得好，地球就少汙染，對的事情就是要做啊！」

結束分類，豔陽已西斜，阿嬤跨上四輪電動車，志工發現電動車踏板上橫躺著兩把柴刀，就提醒阿嬤「要小心喔！」阿嬤笑笑地說：「我知道，天還早呢，來去園子裏加減巡看！」即便身形佝僂，阿嬤的勤勞堪稱最佳典範。

六十餘年居住在寧靜的青山，阿嬤心寬念純地說：「能動能做是福，想做而不能做就苦了。」問阿嬤心裏可有什麼最想做的事，老人家想了想說：「有喔，我這輩子去過花蓮精舍兩次，若有機會我想要再去看看師父，這就是我的盼望啦！」阿嬤靦腆地笑了。

當下，志工深有同感，都歡喜地說：「阿嬤，我也要跟喔！」此時路途已不是距離，想師之情泛起漣漪……

攝影／温寶琴

■東原環保站

地址：臺南市東山區東原里竹圍埔東原國中右前方

開放時間：週四／下午1:30～

菜市場裏──東丘里環保站

郭寶禪、羅秀妗

「回收是資源，丟掉是垃圾」，如何讓垃圾變成資源循環再利用？繁華的都會區，夏天的早晨，陽光已灑遍大地，喚醒一夜沈睡的城市。

最貼近民生的傳統市場，攤販準備就緒，等候第一位客人到來。順著市場而行，拐個彎走入巷弄，慈濟「東丘里環保站」招牌隨即映入眼簾。

於二〇〇八年成立的新北市板橋區東丘里環保站，座落在市中心「埔墘興隆市場」旁巷弄內，緊鄰熱鬧繁忙的交通要道，方便會眾拿回收物過來，也成就環保志工就近付出的方便，他們拖著菜籃來做環保，做完環保順道去買菜照顧家人餐食。

東丘里環保站尚未成立之前，王如萍聽到證嚴法師的呼籲，便開始尋找如何做環保，在參與慈濟舉辦的大型回收日兼掃街後，於一九九九年在自家門口偕同鄰居鐘含笑等人一同整理分類。

志工在屋簷下做環保，承受日晒雨淋，不知不覺已過十年歲月，鐘含笑興起成立環保站的念頭。

她與夫婿蘇明德在埔墘興隆市場旁開設中藥店，每天看著對面的空屋，終於鼓起勇氣拜訪屋主劉祥呈。劉祥呈決定共襄盛舉，東丘里環保站於是成立。

蘇明德每天做生意打開店門，也開啟環保站的門，從早上八點到晚上九點，方便大家拿回收物過來。鐘含笑全身投入，帶動一群志工每天做環保。

環保如常運作，歲月匆匆四年如一日。二〇一一年在一個寒冷的深夜裏，鐘含笑因急性氣喘衰竭休克，送進醫院救治，發現病情非同小可；隔日再轉入臺北慈濟醫院加護病房，強救十六天後才清醒過來，但因腦部受損，身體漸漸失去基本功能。

青天霹靂的無常，讓志工們心裏很難過，也心生警惕。大家的心更凝聚在一起，努力付出，讓環保站能夠順利運作。

衝擊最大的莫過於蘇明德，八年多來每天照顧太太的生活起居，日常的一切都需要他的輔助。

走過艱難的日子，蘇明德說：「一方面要做生意，一方面要照顧她，環保站也要處理，壓力真的很大。經過幾個月，慢慢就習慣了，因為上人說要忍辱啊！遇到事情要忍，困難把它吞下去，一樣要去付出。」

每天看著環保站順利運作，蘇明德說：「我就很快樂。」

劉祥呈的護持不僅催生了東丘里環保站，也成就了鐘含笑的心願。劉祥呈謙虛地微笑著說：「能帶給社區里民方便，又看到大家這麼歡喜，這樣就足夠了。」

年近九十的他，回憶起曾有一首歌〈酒矸倘賣嘸〉。在他孩提時代即有的資源回收，是當時每個家庭都有的習慣；隨著工商業的進步，人們就漸漸淡忘了。

「早期，廚餘常拿來做堆肥，也是珍惜資源的良好習慣。如今生活便利，隨之而來的卻是浪費。」劉祥呈讚歎三十年前，證嚴法師推動資源回收，身體力行惜福愛物的精神，值得推崇。

家住附近的鄭月琉，每天早上帶著菜籃來做環保，她在先生病故後，為求心靈上的寄託，找到天天可以付出的東丘里環保站。想起剛接觸環保時，因為血糖不調引起身體虛弱，一天只能做半個小時就得回家休息；現在做一整個上午都無所謂，做環保讓已八十歲的她愈來愈健康。

只因為大家相處融洽，儘管陳彥綺身體還在調養中，還是喜歡來環保站。之前，她在住家附近巷口遭機車衝撞，整個人撲趴在地上，胸部流出大量鮮血，緊急送進臺北慈濟醫院，檢查出來為乳癌三至四期，經大醫王手術處理相當順利。

孩子深怕環保站細菌多，請媽媽在家調養身體就好，但她表示，「我關不住，每天坐在家裏無事可做，我的病不會好，來環保站大家有說有笑，多快樂！」後來追蹤複檢已經沒有癌細胞，電療師讚歎她的環保哲學，還表示要來環保站看她。

社區型環保站的成立，不僅為街坊鄰居帶來方便，也帶動左鄰右舍重視環保議題。住在蘇明德樓上的陳宗保、林麗慧夫婦，是福智團體的成員，每天下午都來協助整理分類。為了減輕年長志工的負擔，夫妻倆會先將厚重的紙箱整理好，零星的部分則留給隔天的環保志工分類。

民眾隨手放置的回收物，陳宗保夫婦總是耐心收拾乾淨。他說：「社區環保站除了帶給民眾便利，更要重視環境清潔。能夠在

▲ 鐘含笑因腦部受損，身體失去基本功能。先生蘇明德照顧太太和事業，也不放棄環保志業。（攝影／陳坤富）

社區做環保，這是我們的福報，環保回收是為了生生世世，讓地球、讓人類、讓眾生有個良好的環境。」

和鐘含笑近二十年交情的顏常華，對於鐘含笑發願想設置環保站一事，義氣相挺。因此，訪視工作之餘，總會撥出時間來環保站，顏常華表示，「在這裏只是陪伴她們，大家都很認真分類整理，彼此分工合作，把每天的工作量做完才回家。」

市集裏的環保站，十二年來已數不清有多少人經過，路過的人總會不經意地看它一眼；也有無數的人欣喜找到寶藏地，在買菜的當下順道將可用資源帶過來，呵護地球的心在此交會，輾轉孕育而生，從日出到日落，循環不已。

攝影／羅秀妗

■東丘里環保站

地址：新北市板橋區中山路2段148巷8號

開放時間：每天／上午8:00～下午9:00

舊公寓一隅——永利環保站

陳春淑、黃月仙

穿梭在新北市永和區的大街小巷，雖然不是休假日，志工照常開著環保車到社區各點回收。

在陳重光的帶領下，近十位志工承擔起社區環保回收，不論晴天或雨天，三輛環保車穿梭來去，十多年如一日，不畏髒亂、不辭辛勞，為愛護地球環境而無私付出。

二〇〇四年成立的永利環保站，位在舊公寓社區一樓，是社區環保回收分類定點。二〇一〇年因場地另有用途，只留儲藏空間存放回收物，定點分類移往永中環保站，二〇一八年永中環保站因校地整修，無法提供使用。

地狹人稠的永和區，不容易找到合適的地點做環保，大家商議後，決定回到永利環保站，就地接引社區民眾。不只做回收，還兼讀書會、推素廚房等多功能道場。

雙手拿著回收物，陳重光邊走邊說：「今天環保車已經回收兩臺，這是第三臺。」一早，環保車從社區各點回收來的資源，集中在走廊上，堆積如小山。

志工板凳一拿坐下來，雙手忙碌不停地整理回收物，紙類、寶特瓶、雜項分類……略顯狹小的場地，婆婆媽媽們不以為意，身體力行做環保，為地球永續盡自己的力量。

環保站空間不大，還要負擔大量的資源回收，分類都需當天完成。於是，志工把做環保的時間拉長，也因此和左鄰右舍培養出了好感情。

「來這裏做志工，大家都有一個付出的心，喜悅的心。」簡志昇表示。

「先將占空間的硬塑膠瓶串起來集中，讓環保菩薩有較好的整理動線，也安全。」簡志昇穿梭其中，他說：「回到這裏，場地有限，結果反而更好，時間拉長，讓更多人有機會參與，也比在大環保站有更多互動。」

簡志昇笑著分享，投入環保的因緣，是因為媽媽的好奇心。媽媽每天看到一群人進出環保站，很開心的樣子，於是就來一窺究竟。她發現鄰居身體不方便，做環保還要自己帶椅子，每走一段路就需要坐下來休息一下，卻能這樣付出與投入。她就此加入快樂的行列，每次回家都會開心地分享所見所聞。

「出來做，可以把這個痛分散掉，跟大家互動，這樣很好。」劉春雙手忙碌地將塑膠容器分類。

劉春投入環保二十多年，因不明原因，突然全身痠痛無法行走，讓她感到很沮喪。經過一段時間的檢查，才知道是全身性關節發炎，需以藥物治療，並定時回診。她說：「身體慢慢好轉，要把握當下趕快做，做環保愈做愈健康。」劉春深深體會證嚴法師的一句話，「做環保是最好的長照。」

二十多年前，女兒意外往生，劉春痛苦萬分，好幾年走不出來。當時除了宗教信仰外，幸好有志工謝錦雲的陪伴，帶她走入環保，從此與環保結下好緣。

如今孩子大了，老伴也走了，才驚覺時間過了這麼久。劉春常說：「現在投入慈濟，常常覺得晚了，以前花太多時間傷心；早一點聞法，早一點走入菩薩道，不是更好嗎？」

劉春和兒子同住，兩個孩子都很孝順，要她把身體照顧好。她跟孩子說：「要我把身體照顧好，就是讓我去做環保。」孩子尊重媽媽安排自己的生活，媽媽參加慈濟活動，他們都很放心。

「做環保讓我找到生命的價值，如果一天沒有來做環保，就會覺得內心有愧，因為每個人對社會都有責任，都應該為地球盡一點微薄之力。」做環保讓吳秀士改變了想法，以前她看到什麼東西都想買，現在會克制自己。

走廊上，幾位高齡的老人家圍著長桌，雙手俐落地分類桌上的回收紙。

「白紙和有顏色的紙要分開放……」九十一歲的許阿嬤手腳俐落，徒手撕著回收紙和雜誌分類，把白邊撕開放一袋，有色紙放一袋，分類一點都不含糊。她銀髮如雪、聲音如鐘，做環保三十年如一日。

許阿嬤笑著說：「我把外傭留在家中，自己出門做環保，因為不來做環保，就會覺得生活不踏實。」早上七點鐘從家裏出門，大約走一小時到環保站。

早期白天工作，晚上推著車做回收；含飴弄孫時，依然揹著孫子做環保。做環保讓許阿嬤的生活過得充實又有意義，現在唯一掛

▲ 劉夢萍（站立者）希望大家來做環保，能夠有一點法帶回去，開始推動讀書會。（攝影／陳春淑）

礙，就怕沒能出門做環保！

劉夢萍表示，環保就是不分年齡層，大家都可以來做。有一個環保點，可以讓附近的鄰居來動動手腳，這些環保回收又可以救地球，大家都會覺得很有意義。

社區裏的老人家，每天帶著歡喜心來做環保，也很感恩有這樣的福田，讓他們年紀這麼大了，還能發揮生命良能。

環保站地點方便，劉夢萍希望大家來做環保時，能夠有一點法帶回去，所以開始推動讀書會。現在環保站每星期有五個讀書會輪流舉辦，大家以法來相會。

永利環保站改善現有的空間，讓場地發揮更多元的功能，不只是環保站，也是人間菩薩招生的場地。環保志工不只是守護大地的尖兵，也是實踐人間佛法的菩薩。

攝影／陳春淑

■永利環保站

地址：新北市永和區永利路350號

開放時間：每天／上午8:00～12:00

便利商店街角——壽德新村環保站

吳美貞

新北市中和區的壽德新村，是老舊眷村改建成國宅。慈濟志工從一九九八年開始，在這個社區帶動資源回收，二十幾年下來，組成了一支環保娘子軍團，她們感情親如姊妹，每週兩天固定以做回收相會，同時也把「清淨在源頭」的觀念，深植到國宅的每一家每一戶。

一大早，環保志工洪美鶴、何月含拉起推車、放了一個大塑膠桶，就到社區挨家挨戶按門鈴回收資源。

洪美鶴住在這裏幾十年了，幾乎每個人都認識她，白天把家裏事情做好了，就可以做一些公益。

壽德新村環保站經過四次搬家，原先是路邊鐵皮屋，現在搬到便利商店的街角。

「我在五權街做了七年的環保，剛好樓下有一塊空地，就一個人開始做，等到壽德新村國宅蓋好後，我跟管委會商借地下室一塊地方。後來吳秀英搬過來，就跟我一起做，還有鄰居何月含、羅桃妹，她們看我一個人推著車子，就一個個加入進來。」環保站核心人物洪美鶴細說從頭。

當時回收量非常多，一個星期大概有三卡車，紙箱、鐵罐、寶特瓶各裝滿一卡車。有人看了眼紅，就說：「慈濟做這麼多回收，那個位置要算租金！」甚至攔下環保車，不讓志工將回收物載出去。為了讓地球乾淨，下一代有好的環境居住，環保還是要繼續做，怎麼辦呢？

「做好事不能少我一人！」壽德里里長夏承嫚，她有一個空貨櫃放些掃除工具，就跟洪美鶴商量：「你們可以搭蓋一下，大家在這裏做環保就不會淋雨。」於是幾位志工合力出錢，在人行道旁搭建一間鐵皮屋，每天都有人拿回收物來放，志工天天做，有空就過來整理。

夏里長兩個任期後卸任，新的里長告知人行道需整修拓寬，不能再在這裏做環保了。「隨大家的歡喜心，不要與人結惡緣，鐵皮屋拆掉了沒關係。我們有心做，不怕沒地方，所以就換到便利商店旁街角，一直到現在。」洪美鶴繼續說。

佛教徒簡月桂二〇〇五年搬到壽德新村，經由吳秀英介紹來做環保，做得很快樂，「一來就開始做，風雨無阻啊！」

八十七歲的何月含是金門人，被暱稱「金門師姊」，她更是愛做環保，早上六點就過來了。「閒閒地也沒什麼事情做，看到人家在做，我也跟著一起做。我什麼都不會，只會做粗工，剛好來做環保，感恩有這個機會給我們做。」

何月含謙虛地說自己不識字，眼睛不好、耳朵也重聽，如果是細活，她一樣都不會；但是瞧她拉著載滿回收物的推車，健步如飛，連男眾志工都自嘆不如！

羅桃妹覺得藉著做環保的機會，大家聊聊天、說說心裏的話，否則白天家裏沒人，大樓鄰居門都關起來，講話的機會都沒有。她說，做環保結識了一群好姊妹，真的很難得，她要一直做環保，做到不能走、不能做了為止。

志工二十多年的帶動，住戶對於環保清淨在源頭，已習以為常，每家每戶都會先把回收物整理、清洗乾淨，才讓志工收走。

洪美鶴現在年紀比較大了，心臟有點腫大，所以不能拿太重，其他志工都很貼心地搶著幫她做。

志工做回收的用心，也影響了附近鄰居，像是溫太太已做了十五年的回收。

溫太太每天晚上去便利商店回收，早上四、五點去夾娃娃店尋寶，出去看到路邊有瓶罐就順手撿，回家後用雨水加上漂白水沖洗乾淨、分類包裝，鄰居也會送來紙箱。「這樣不會有臭味、也比較不會孳生病媒蚊。看大愛電視臺節目，上人告訴我們，為了救地球，只要可以回收的，慈濟都要做，即使價錢很低。」

她覺得環境清潔很重要，舉手之勞、善用自己的身體，做一些善事。溫太太仔細說明：「我們就是盡量弄好，不要讓隔壁鄰舍的人有怨言；環境也是要顧好，不是撿了就亂堆，讓人家到處抱怨也不行。」

證嚴法師表示：「人依止在大地之上，為地球盡一分心力，是本分事也是使命。」志工們認知到，要教育下一代，環境生態很重要，環保不是慈濟人的事，是每個人的責任。

自備椅子和剪刀、簡單的推車，一週兩天、四個小時的付出，是這群環保娘子軍的堅持，期待這分淨化大地的力量，能有更多人

▲ 壽德新村環保站原在人行道旁搭鐵皮屋為據點，每天都有人來放回收物，志工有空就過來整理。（攝影／陳啟平）

的加入。

「壽德新村環保站的志工都是鄰居，大家愈做感情愈好，有這個福田讓我們做，我就要好好做，初發心如此，永遠就是這樣做下去。」二十多年來，洪美鶴不曾退道心，與吳秀英一起帶領約十位環保志工，很克難地在便利商店街角做環保，如果碰上下雨天，穿上雨衣移至活動中心騎樓下，風雨無阻地做。

壽德新村國宅住戶多，但周圍環境很乾淨，全靠這群婆婆媽媽的努力與不變的心。志工也會到附近早餐店回收塑膠杯等，並將它清洗乾淨，才載回雙和環保站。

同時，他們也教導住戶先將資源回收分類整理好，並挨家入戶去收取。每週二、週六早上六點半開始，將分類好的回收物入袋並綑綁，八點多環保車來，讓司機一包一包、一袋一袋地載回雙和環保站，再把空的回收袋交給志工重複使用。

攝影／吳美貞

■壽德新村環保站

地址：新北市中和區壽德街11號

開放時間：週二、六／上午6:30～8:30

前進校園——永平國小環保站

沈瑛芳

二十年前，許秋燕尋覓學校作為資源回收場所，永平國小位近頂溪，交通便捷，便會同幾位志工前往拜訪該校總務主任，商談兩個月一次，在校門口空地做資源回收。

會談過程順利，且受到當時校長蘇榮宗高度認同，隔年志工便開始進入；不是在校門口，而是在校內川堂，免於風吹日晒之苦。歷任校長都極其護持，現任校長唐永安對於環保教育更是重視。

今年受新冠肺炎疫情影響，數月期間禁止校園活動，志工們很煩惱校園不能進入，資源該如何處理？大家都希望新冠病毒快些遠離，早些解封，好讓環保回收盡早恢復運作。

近日，疫情趨於緩和，活動陸續恢復。此次疫情，臺灣嚴謹的防疫措施獲得世界各國讚揚，針對於此，永平國小環保站窗口林建宏說：「乾淨的環境也是相當大的影響因素。」他堅持認為，「別的功能可以停，但環保與地球生態息息相關，絕對不能停！」

永平環保站志工人數最多時達到一百二十位左右，目前維持八十至一百人上下，其中有許多都是從一開始做到現在。志工們一秉初衷，二十年來在每個月第二個週日主動報到，無論酷暑或是凜冽寒冬，風雨無阻從不間斷。

這一天大環保日，早上七點，永平國小校門口環保車輛來來回回，載來社區小定點的回收物。志工身影接踵而來，大家把握一個早上的時間，共同為地球的健康把脈，用心做大地園丁。

在自家社區推動環保已五、六年，黃義敦每個月把社區的回收資源集中，再由環保車載至永平國小。他由衷感謝永平國小支持慈濟的理念，每個月一天開放場地讓志工做資源分類，附近民眾也都認同環保回收可減少地球的負擔。

推動環保「清淨在源頭」是重要議題，他身為社區主委，不斷和社區的清潔阿姨溝通而後認可再大力幫忙。

因此，在他們社區的小定點，大都已做好回收分類，載到永平國小就可省時省力。黃義敦表示，「上人呼籲環保救地球的理念正確，身為弟子的我們就要用心力行及推廣，讓更多人明白環保的重要性。」

拿起一串塑膠飾品，王秋微想著「這麼漂亮，竟然被當成垃圾」，於是幽默地嚷嚷：「來喔，有誰要戴珍珠瑪瑙……」笑意滿臉的她仔細整理好回收資源。在她身旁埋頭分類的高月補充說：「來這裏有伴，大家一起做好事，最是快樂！」

在寶特瓶塑料區，志工圍繞著一堆瓶瓶罐罐小山，有的手轉瓶蓋，有的踩扁瓶身，劈劈啪啪的聲音，高高低低煞是好聽。

其中，八十六歲的吳讚治靦腆地說：「師父說，要活就要動……」二〇〇三年開始做環保的他憨厚地說：「做環保愛護地球，身體更因為有在動而比較健康。」

中氣十足的吳讚治鏗鏘說道：「地球生病了，要有更多人齊心協力，一起來保護！買回來的物品用完之後洗一洗，能回收就要回收。再說，環保要從日常生活中做起……」

問他做志工要做到什麼時候？「有體力，能做的一天就會認真做，做到不能做為止。」吳讚治以篤定的神情說：「大家努力做環保救地球，這裏就是我們的家！」

帶著回憶情懷不勝唏噓，「二十年轉眼就過去了，真快！」張慧如投入的年資和環保點同年。

十四年前罹患乳癌，切除左邊乳房，後來右邊又檢查出原位癌也切除了，但她不認為自己是生病的人，以快樂的心情做環保，二十年來大環保日，只有在兩年前先生往生以及自己開刀住院期間請假，除此之外從不間斷。

可口的餐點以及溫馨的帶動，是永平大環保定點的特色。這邊，活動組用心帶動志工們健康動一動；那頭，幾個男眾志工正端著美味菜餚擺上長桌。

負責煮食的彭秀如表示，很喜歡像家人般相處的氛圍。她會選擇適合老人家的菜色和口味，以煮給家人吃的心情，歡喜心來烹調。當大家把食物吃光光，就是她最快樂的時刻！

星期假日，遠從士林北投趕來的唐永安校長，在和志工互動時表示，「慈濟團隊利用永平國小川堂做資源回收，持續二十年沒有間斷，看見大家對環境的用心，真的很感動。再說，學校是社區財產，跟著社區共榮，在不影響教學的情況下，是做環保合適又安全的地點。」

對於國小學生來說，可以藉此了解資源回收，垃圾減量；再者

▲ 永平國小川堂前方，環保車載來社區小定點囤放的回收物資，志工們忙碌起來。（攝影／黃曾幼馨）

延伸到全球氣候變遷議題，這個脈絡對學生而言是很重要的。他鼓勵小朋友透過相關知識，以實際的行為去實踐體驗，了解資源回收的重要性。至於學校利用空間做利益社會人群的工作，那更是不遺餘力的。

量血壓關心志工們的健康、可口的餐食、活動組歡樂帶動，志工們把這裏當作自己的家一樣。「家」這個強大的愛的力量緊密箍住大家。二十年前，慈濟推動資源回收前進校園，志工們以實際所做所為教育學子。

時刻近午，唐永安校長祝福大家身體健康，隨後帶領高呼：「永平國小環保站是咱厝的環保站！」炎炎烈日，裊裊餘音飄散在校園每處角落。

攝影／李彥賢

■永平國小環保站

地址：新北市永和區保生路25號（永平國小）

開放時間：每月第二個週日／上午7:00～12:00

開墾荒地——心光環保站

郭惠菁、黃瓊玉、李盈寬

位在士林基河路三二八號正對面的心光環保站，有一群志工在微曦中就開始做環保；也有一群在沈沈夜色中，還是努力將已分類的資源歸類上車，此時已超過夜間十點三十分……

十幾年前，士林區的志工們為了找一塊適合做環保的地方，一直在尋尋覓覓：歐洲學校後面的小帳棚、藍金治居士家的空地、中正高中旁……都曾經是士林區環保志工棲身的所在。

皇天不負苦心人，孫若男知道後，即以自己的名義，向新光集團租賃一塊大約一百二十坪，原為停車場的空地供做環保，那年是二〇一〇年。

眾人馬上開始投入整理，經過將近一個月的努力，環保站落成啟用。這裏白天做環保，晚上舉辦讀書會、入經藏演繹彩排，充分發揮使用價值。

二〇一四年底，新光集團將這塊地收回去，環保站拆除後，回收物只得分送到其他環保站，但志工的腳步並沒有因此停歇。

不久，孫若男再次提供新光實驗室旁、面對基河路的長條土地。這塊地荒廢多年，雜草長得比人高；樹上爬滿藤蔓，還有樹木穿過水泥牆生長，環境相當凌亂。

二〇一五年初，有如螞蟻雄兵的志工，拔草、去藤蔓、清除成堆落葉，還請吊車把穿牆而出的樹拔除。接著整地、鋪水泥……在大家同心協力下，新家落成，大家又可以安心做環保了。「這裏交通非常方便，老菩薩可以坐車來；又沒有房租問題，真是非常感恩。」許撬說。

「十幾年前，我剛退休的時候，有個好朋友送我一張慈濟歲末祝福的邀請函，我就帶著太太和女兒到關渡園區參加。女兒看到在招募『人間菩薩』，馬上拉著我去登記。」

許攁說：「女兒當時在花蓮師範學院讀書，參加慈青社，對慈濟很了解；她擔心我退休在家無聊，我也覺得這個團體非常好，之後馬上參加見習，隔年培訓。」幾年後，許攁發現肝臟有黑點，切片後知道是肝癌，他說：「那時剛好要辦浴佛，忙著布置，所以安排在活動結束隔天開刀。」

環保站的回收物很多，許攁從早上一來就開始忙碌，「沒有從頭到尾徹底做好，感覺責任未了。」雖然年歲漸增，體力漸不足，但他說：「每次看到很多志工，不管多冷、多熱，總是天未亮就來做，自己再累都不敢放棄。」

一大清早五點未到，大地仍在沈睡之際，環保站已經有志工在忙碌了，她們是住在福林橋邊的余美雲和邱阿足。

余美雲每天早上四點多，就摸黑騎著摩托車來環保站，她沒有鑰匙，只能從研究室前的小路進來。沒多久，騎著腳踏車，住前港里的邱阿足也來了。她拿出鑰匙，打開克難的網狀鐵門後，馬上穿起環保圍裙，戴上口罩、手套，分秒不浪費地做起分類。

看著余美雲身上早已褪色的環保圍裙，就知道她是非常資深的志工。她說：「我做環保已經十幾年了，除非有其他勤務，否則每天早上都會過來，做到八點回家，家裏還有很多事要做啊！」

兩年多前，先天智能障礙的莊春美，受雇於人做資源回收。還沒進慈濟以前，莊春美已經在看大愛臺了。成了會員後，志工常對她噓寒問暖，並帶她到心光環保站。大家對她特別關心，除了教她怎麼做分類，還會跟她聊天，教她寫字，現在的莊春美愈來愈活潑、開心了。

莊春美對媽媽非常孝順，每個月都會拿錢回去孝敬媽媽；看到好吃的東西，也會買回去給媽媽吃。

環保站下午，有一群專門做塑膠袋分類的志工，他們之中有七位去年一起受證，包括薛金滿、薛玉雪兩姊妹。「我們想，一個人培訓太孤單，既然大家都是好朋友，就一起培訓吧！」薛玉雪說。

住在環保站附近的薛玉雪，每個星期有五天下午會來環保站，一直做到五點多才回家準備晚餐。「我先把家事做完，衣服洗好，家裏整理好了才出來。上人不是常告訴我們，『要先顧好家業，再出來做志業，才不會讓家人起煩惱嗎？』」

八年前，薛玉雪第一次來到環保站，「那時候，我什麼都不會，是王文禮教我怎麼做塑膠袋分類的，所以我很感恩他。」加入慈濟以後，她愈做愈歡喜，臉上永遠笑瞇瞇的。

每天下午六點多，志工們做完塑膠袋分類，就各自回家，環保站才稍微安靜下來。過沒多久，特晚班志工又來接力了，他們是曾輝政和陳文輝。

▲ 環保站使用前整地，如螞蟻雄兵的志工，合力把被吊車拔除的樹木抬離。（攝影／蔡瑞聰）

曾揮政自己經營清潔公司，負責樓梯間清潔及水塔清洗工作。每天晚上七點多都會出現在環保站，有時晚飯來不及吃就跑來了，有什麼需要支援的他都做，尤其是裁切書本，看著巨大的裁切機那一道鋒利的刀緣，一不小心可是會把手指頭切斷。「一次雖然可以裁切好幾疊書，但最好一疊一疊來，才會切得整齊。」曾揮政說。

陳文輝常常和曾揮政忙到十點多，把環保站的一切都打理乾淨才離開。「我希望明天特早班志工來了以後，看到的是一個乾淨整潔的道場，而不是亂七八糟的環境。」

陳文輝除了環保志業，還承擔人文真善美影視志工，自己的事業也做得很成功，除了到南部出差，天天都會來環保站報到，開環保車、搬運回收物、打點內外大小事宜，凡事親力親為。

心光環保站雖是鐵皮搭起的臨時建物，卻是志工最溫暖的所在，因為它是一個大家用心光照亮的家。

攝影／吳嘉博

■心光環保站

地址：臺北市士林區基河路328號正對面

開放時間：週一至週六／上午6:00～下午10:00

工廠為鄰——蘆竹環保站

江宜蓁

位於桃園市蘆竹工業區長榮路上的蘆竹環保站，雖然沒有招牌，外觀毫不起眼，一不小心很容易錯過它的存在；但是它距離桃園國際機場不遠，境內學區更是完整，童韻家把土地提供出來，帶動鄉親們來做環保，更是附近工廠的好厝邊。

一九九六年七月，桃園蘆竹地區由郭金盆、朱坤宏、簡嘉城、徐美菊、蔡旻修、許麗美等人，借用桃園市蘆竹區錦興國小校區，開始每月一次的資源回收。

二〇〇三年因SARS疫情及校區規畫需求，遷移至南竹路大樹下環保站。隔年，又因臺電工程單位施工需要，再次將環保站搬遷至黃月真住家旁空地。

環保站經過多次搬遷，歷經八年推動，志工從八位增加到一百四十位，經由做環保而受證慈濟委員、慈誠者也有二十五位；站長一開始從倪鳳珠、童韻家、林麗勤、簡俊傑、林簡招到現在的丁玉環。

一九九八年童韻家受證為慈誠隊員，培訓期間，曾到復興鄉偏僻山區訪視照顧戶，相比之下，他驚訝自己的生活是如此豐衣足食，沒想到有許多無助的弱勢家庭亟需援助。

許女士就是他第一個訪視的照顧戶，年輕時一場嚴重車禍造成她左側身體癱瘓，從此行動不便。幾年後，又因先生生病往生，留下三個嗷嗷待哺的兒女……

童韻家看在眼裏，默默為許女士準備了一部從環保站回收的電動輪椅，從此展開長達十七年的訪視、陪伴，聆聽她的內心世界，讓她體會到社會的溫暖。

加入慈濟後，童韻家大多投入環保回收工作，除了做資源分類外，還負責回收醫療用品。當有人需要病床時，就將回收來的病床組裝好，擦拭乾淨，再轉送到需要者的手中。

有一次，一位住淡水的基督徒病患需要病床，童韻家幫忙送過去，對方收到病床時，即用虔誠的心說出：「兄弟！我沒有什麼可以給你，只能向你說聲謝謝。」

簡單的「謝謝」兩個字，像糖蜜一樣在童韻家心中甜了好幾個星期。

二〇〇五年童韻家與父親商量後，無償提供位於長榮路一六八號旁五百多坪土地給慈濟使用，他開心說道：「爸爸說，借慈濟用沒關係。」同年十二月桃園蘆竹環保站成立，不僅是一座「寶山」，也是接引「人間菩薩」的最佳道場。

證嚴法師殷殷敦勉，環保和教育要結合，於是二〇〇六年蘆竹環保站轉型成環保教育站，所有建材都是回收的材料，經過加工搭建而成，一直到現在，鐵皮、貨櫃屋都還是主要的建築。

二〇一二年十月一日，志工和鄉親們大約六十人，在蘆竹環保站搓湯圓，歡慶闊別一年七個月的「蘆竹巧藝工作室」搬遷到新家。說起蘆竹巧藝工作室，何瓊姿有說不出的歡喜，擔當帶領一群阿嬤級志工的窗口，她有信心經營一個有人文的團隊。

以往環保站總是給人髒亂的感覺，有鑑於此，何瓊姿帶領阿嬤們在一星期前，將貨櫃改造而成的工作室大掃除，八臺縫紉平車、工作櫃裏裏外外徹底清理，為了能繼續維持環境整潔，還自行組裝置物架，方便組員收納提袋和鞋子。

進工作室須脫鞋子換上襪套，工作時不聊八卦、是非，每天播放證嚴法師開示，讓大家做志工同時充實心靈，安排時間做運動讓筋骨放鬆，這些貼心的安排，都是為了讓團隊在愛的氛圍下，運作更順暢。

丁玉環承擔蘆竹環保站站長，至今已邁入第五年。她年輕時是一位巧手裁縫師，以往總是以光鮮亮麗的布料，為客人量身訂製華服，遇到要修改衣服的客人，也總是回說：「修改太麻煩了，不如重新做一件！」

接觸慈濟後，丁玉環一直思考如何將資源回收理念落實在生活中，終於讓她想出了好方法，「就從衣服改造做起吧！」她運用自己的拿手功夫，以巧思將舊衣新穿，變成一件件獨一無二的新衣。

以往每季總是要做幾套新衣穿，改變觀念後自己不做，也鼓勵客人將家中的衣服帶來改造。丁玉環說：「只要有心就不難，雖然改衣服的拆工比做新衣服還要來得費時費力，但如此減少垃圾產生，改造後衣服煥然一新，成了合穿時宜的新衣裳，這樣的快樂才是最重要的。」

▲ 何瓊姿帶領一群阿嬤志工，在貨櫃改造的巧藝工作室，車縫布口罩套，為防疫盡一己之力。（攝影／李月真）

丁玉環簡單扼要地說明，環保為什麼要忍痛教育，「回收給我們的廠商，我們要教育，我用真誠的心邀約他們，也讓他們知道為什麼要做環保，慈濟人不是為了錢，是為了守護地球跟人類，所以要邀請他們一起來做。這麼一解釋，他們聽了都很開心。」

環保站位在工業區裏，與兩百多家工廠為鄰，回收量大也多元。外商公司瑞健一直都是最佳夥伴，有相同的環保理念，公司內的分類也依志工要求愈分愈細，「在合作的過程中，志工給我們非常多的觀念，讓我們去強化垃圾分類的項目。」

左鄰右舍有好默契，資源來到環保站，一半以上都已經能直接回收，工業區裏臺灣經濟的動脈，環保站守護在後，要一同為子孫留下清淨大地。

■蘆竹環保站

攝影／黃巳龍

地址：桃園市蘆竹區長榮路176號旁

開放時間：週一至週六／上午8:00～12:00

大馬路邊——寶慶環保站

劉秀觀、黃秝淇

寶慶環保站坐落於桃園市藝文中心附近寶慶路上，周邊住宅大樓林立，人口密集，交通方便，緊鄰繁華城市的邊緣一隅。寶慶路上車水馬龍，但彎進三三一巷內，彷彿就隔離了塵囂，清晨裏聽得到蟲鳴鳥叫聲，猶如城市中的綠洲，一抹人間清涼地。

占地約兩百坪的環保站，是原本的停車場改建。早期當區小環保點分布零散，每月環保日大回收，經常借用學校操場、工廠前庭及其他空地做資源分類，四處遷移，居無定所。

二〇〇八年，志工們有感於兩個小環保點的土地將被收回，加上常借用的慈文國中操場，下雨天多有不便，開始積極覓地成立一個固定的環保站，好讓志工們有一個安定的「家」。

一個因緣下，吳政潔、許瓊芳夫婦在桃園市區寶慶路邊，找到現在這塊地；地主定居國外，聽到慈濟要蓋環保站，特別回國以低價出租。吳政潔夫婦發心，將原本要替雙方父親（許振文、吳俊彥）捐榮董的善款，以他們的名義植福，於是行善、行孝的一念心，從此在寶慶環保站落實。

受到吳政潔夫婦的發心感動，志工們立即動員規畫，花了兩個月的時間合力搭起鐵皮房，除了有教室、廁所及遮雨棚，更以鐵皮隔間標示分類項目，室外搭蓋一間廁所及一間小廚房。

參與施工的志工當中，不乏專業人才，其中陳明瑞有鐵工的專業，施工期間從未缺席。開鐵工廠的李來榮，冷作加工是他的專長，並且發心護持將近四十人次的專業鐵工人力。從事裝潢的蕭進益，也發心護持木工人力與工程，李志成則提供鋁窗及回收鐵材。

大家有錢出錢、有力出力，以最快的速度於二〇〇八年三月二十九日當天，為環保站啟用做歡喜「入厝」的活動，熱鬧搓湯圓。志工同時畫分路線，一一拜訪周邊社區及店家，敦親睦鄰並邀約來做環保。

「這包是垃圾，這可回收……這不可回收」，首任環保站長呂淑琴，溫和細心地對民眾解說分類的細項。呂淑琴從一九九二年接觸環保，早期為了能夠收更多回收物，發心提供自家古厝前一塊小空地做環保，持續到二〇〇八年因空地改建才搬遷，在那之前已接引眾多志工。

呂淑琴除了把環保站當成自己的家，也視志工如同家人，用心關懷多位遭逢困難的志工，以佛法鼓勵他們走出困境。呂淑琴不僅對外接引志工，對內也接引全家人四代同堂做環保，孫子們從小跟著她在環保站長大，這裏有著他們童年的回憶。

「你們尋到什麼寶啊？」呂淑琴問孫子們。「每次來到環保站，彷彿回到小時候……」、「這邊的麵線糊很好吃」、「我想要買救護車幫助需要的人」……孫子們的童言童語，真實訴說對環保站的情感與記憶，彷彿是他們第二個家。呂淑琴說，從小讓孩子們接觸良善的環境，耳濡目染下，自然會在他們心中種下善苗。

「環保車要回來了，大家趕快清一個空間下貨……」一大清早，人聲鼎沸的環保站開啟了忙碌的一天。

除了每天有志工來做分類，更有志工輪值香積煮中餐，供大家食用。環保站屬農地，沒有自來水可飲用，七十七歲的張景輝居住附近，每天清晨從家裏裝滿五大桶飲用水，以手推車運載到環保站，十三年來無私奉獻從無間斷。他謙虛表示：「這裏有欠缺，我家裏有剩啦，只是小事一樁。」

環保不只是環境的清潔，也是心靈的洗滌，慈濟設置在社區的環保站，不僅扮演著大家的好鄰居，也是一個良好的托老所，不乏有年長白髮的志工，天天來報到。在這兒不僅發揮老有所用，更能結交好夥伴，一同談笑風生做環保，日子過得歡喜且充實。

投入環保二十三年的陳仁方，工作之餘經常來做環保。陳仁方的媽媽陳何阿有，八十二歲時不慎跌倒昏迷，開刀後出現嚴重的失智現象，生活起居完全依賴別人照顧。陳仁方想到師父說的「行善、行孝不能等」，將媽媽接來桃園照顧。剛來時，媽媽情緒相當不穩定，經常暴怒、吵鬧，為了安撫她的情緒並與外界互動，陳仁方帶著媽媽一起來做環保。

志工們親切招呼，陳媽媽很快融入大家的歡笑聲中，看到母親笑逐顏開，為人子女焦慮煩惱的心跟著安定下來。陳媽媽除了記憶流失，身體狀況良好且手腳靈活，低頭專注地整理塑膠袋，一坐就是好幾個小時，情緒也逐漸穩定。

八十六歲滿頭白髮總是笑臉迎人的高寶鳳，每天都能在環保站看到她的身影。身手強健、手腳俐落的她，把做環保當作運動健

▲ 寶慶環保站位在文教區，周邊學校常安排環保教育課程到此實做體驗，志工們也樂於廣結善緣。（攝影／李奕萍）

身，十多年來，外表感覺比實際更年輕，她表示：「上人說『人生無常，能做就是福。』所以要把握因緣趕快付出。」

在環保站中，高寶鳳做塑膠袋分類，PE、PP、PVC各種材質一點也難不倒她，對於環保分類的細項了如指掌，大家經常向她請教，於是被暱稱為「仙姑」。每天面對著堆積如山的塑膠袋，她希望大家能夠減少使用，才不會造成浪費與環境汙染。

寶慶環保站隸屬文教區內，周邊學校眾多，校方經常安排環保教育課程到此實做體驗，帶學童們學習分類，志工們經常接獲參訪的團體，也樂於廣結善緣。

環保站每天開放，每個星期六為大環保日，另外也規畫教育課程，如社區讀書會、志工聯誼等，期望藉由環保志工種子，以「一生無量」的精神，號召更多社區大德一同來加入環保行列。

攝影／楊淑惠

■寶慶環保站

地址：桃園市桃園區寶慶路331巷1號

開放時間：每天／上午6:30～12:00

產業道路旁——後龍環保站

袁淑珍

「彭師兄，我們沒有環保站了，怎麼辦？」張阿錦憂心地問。「怎麼辦？」彭松德心中不捨，臉上有了淡淡的憂愁，回想起後龍鎮環保剛萌芽的往事。

二十年前，葉秀梅開著一輛小貨車，從苗栗來到後龍載資源回收物。劉家司的岳母是葉秀梅的會員，在住家騎樓下做環保。孝順的劉家司不捨岳母這麼辛苦，「我有一塊地，在加油站旁閒置著，有兩個貨櫃屋，剛好可以放回收物，乾脆給慈濟做回收點。」劉家司腦海裏閃過這個念頭。就這樣，臺一線上八百八十坪的空地，二〇〇一年六月慈濟後龍環保站成立了。

九二一地震過後，劉家司集眾人之力，把大愛村組合屋拆卸下來的建材，載回來搭建，雨天就不用再穿雨衣做環保了。每週六早上是回收日，後龍各定點的回收物都集中載到環保站。

彭松德與劉家司是同行，他與環保結緣的奇妙因緣，就在二十年前的基隆碼頭。有一次，他看到劉家司從碼頭載了很多紙板，忍不住好奇地問：「你是不是很缺錢？」劉家司睜大眼睛回答：「沒有啦！這些紙板是要給慈濟的，賣的錢可以護持大愛臺。」

彭松德受到劉家司的影響，和太太杜驊晴每天半夜兩、三點，從苗栗後龍開卡車載磚塊到基隆，回程就將碼頭可回收的紙板堆到卡車上。「一臺卡車在跑，你還要撿這些東西，你是欠多少？」同行消遣他，後來知道他是撿給慈濟，紙板都會留給他。

一九六〇年代，臺灣經濟起飛，很多寶特瓶、鐵鋁罐、紙板等，回收範圍包括整個後龍鎮，將近五十個點。年輕力壯的彭松德充滿活力，他開自己的卡車載回收物，十五噸的卡車載滿寶特瓶，是他印象最深的記憶。二〇〇六年，大家集資購買環保車，他剛好退休，把卡車賣掉，捐了三十萬元。

退休後的他幾乎每天都到後龍環保站報到，「回收的電器用品，經過拆解整理都是『寶』，如果不拆就變成垃圾。」他總是忙到過午才回家吃飯。他喜歡做環保，即使除夕日仍守候在環保站，就是要給大家一個乾淨的環境過年。二〇二〇年一月二十四日除夕那一天，是他在臺一線後龍環保站做環保的最後一天。

「鈴……鈴……」電話聲響起，打斷彭松德的思緒，他拿起電話接聽，「彭師兄，我家碾米廠收起來，整修後有空地，可以做環保。」同樣喜歡做環保的曾張秀華，積極提供場地。他放下電話，趕緊聯繫張阿錦前往，碾米廠位於住宅區，環保車出入不方便，經評估後只好作罷，浮起的一絲希望又沒了，彭松德的眉頭緊鎖。

眉頭深鎖的還有張阿錦，志工一個接一個不停憂心地問，她沒有辦法回答。這些年，因為劉家司的身體不好，心臟動手術裝了四支支架，後龍環保站只好收起來。

有一天，彭松德走在住家旁邊，看著隔壁荒廢多年的老屋和雜草叢生的空地，心中萌起一個念想，這間老屋七十多坪大，整理起來應該可以當環保站。老屋的主人是杜驊晴的姪子，他迫不及待地聯繫詢問，老屋和空地是否可以借給慈濟做環保？「可以啦！」杜驊晴的姪子回覆，無償提供使用。

「我已經找到環保點了。」尋覓到適合的地點，彭松德興奮不已，急忙地通知環保志工們。憂愁好些時日的他，臉上再度綻放了笑容。

新的後龍環保站，位在後龍鎮龍坑里臺六線岔路，蜿蜒的產業道路旁。蔡睿勳開挖土機來幫忙整地，志工們合力除雜草。老房子屋頂塌陷，裏面清空後，從無到有，所有硬體設備都是從舊環保站載過來重複使用，二〇二〇年二月一日新的後龍環保站啟用。

環保站搬遷的艱辛，張阿錦感受最深，身材結實嬌小、手腳伶俐的她，使盡力氣把沈重的鋼鐵往車上搬，忙了三、四個月，「剛開始很克難，屋頂整個塌陷，怕下雨就先用大帆布蓋著。後來經屋主同意整修，將舊環保站的建材鐵皮載過來搭建。」終於有了可以遮風蔽雨的環保站。

「目前環保站有近三十位志工，八十歲的蔡秀蘭也是受證委員，大家叫她蔡大姊……」張阿錦對每位志工都像家人一樣熟悉，開自家小貨車和她一起載回收的陳秋梅，是她合作無間的好搭檔。羅翊嫙和粘惠燕幫忙搭載志工到環保站，粘惠燕也是環保站的拓荒者，家裏也有回收點。

「後龍環保站是一個感情的凝聚地，十幾年來，大家都做得非常快樂。」曾張秀華很開心環保站有新的落腳處。因為她會開車，每週六幫忙載志工到環保站，剛開始只載蔡美雲，幾年後，車上坐

▲ 舊後龍環保站功成身退後，硬體設備全遷移至新的環保站重複使用。（攝影／顏人鵬）

滿環保志工。蔡美雲除了到環保站做環保，也在家裏設環保點。

國中老師林永五十五歲退休就來做環保，如今七十五歲了，雖然每次做環保汗水淋漓，衣服都溼透了，他總是笑著說：「習慣了，流汗身體好！」二十年如一日守候著環保站。

夏日清晨五點多，天濛濛亮，環保志工陸續到達，打招呼後開始忙碌，不曾停歇。「靜寂清澄，志玄虛漠，守之不動，億百千劫……」一首又一首的好歌縈繞著環保站，志工雙手忙著分類，耳朵也沒閒著，淨化大地也淨化心靈。不到九點，一座堆積如山的回收物，已經分類整理裝袋，無用化為有用，點滴都是愛。

夜幕低垂，七十五歲的彭松德，仍彎著腰在環保站拆解回收電器。他不擔心自己的身體病痛，只擔心「極端氣候變遷、全球暖化……」一雙眼炯炯有神的彭松德，臉上漾著微笑，他要留「德」給子孫，忙碌的雙手捨不得停下來，直到天黑，才踏著月色回家。

攝影／李文善

■後龍環保站

地址：苗栗縣後龍鎮龍坑里6鄰45-2號

開放時間：週六／上午5:30～

巷弄之間——忠孝環保站

吳宥霖

一九九二年，朱淑霞與黃林款因志趣相投，相約參訪花蓮靜思精舍，兩人回到板橋後即決定推動環保工作。

她們從隸屬於軍眷區的仁愛新村社區開始著手，起初不知如何進行，朱淑霞便向吳燕雪磋商細節，黃林款則積極拜訪仁愛新村自治會會長、幹事及里長。取得認同和支持後，訂於每週三上午做環保半天，地點就在仁愛新村活動中心。

早期的眷村，先生上班後，太太就上牌桌，贏了笑嘻嘻，輸了苦哈哈，間接影響家庭和樂；環保站設立初期，先生通常不贊成太太去做環保，認為那是與垃圾為伍。

社區的家庭主婦漸漸加入環保後，在牌桌上機會減少，相對的，經過回收資源、分類整理，社區容貌變得更乾淨，連里長張桃菊也認同而加入，社區環境比賽得到名次，意外獲得市公所頒發一筆獎金。

當時的里長張陶菊熱心協助推動，不但四處號召有心者加入，還親自以毛筆書寫海報張貼各處，邀請更多眷村居民參與。後埔區因此陸續發展出十幾個回收定點，參與人數超過三百人。

一九九四年張桃菊卸任後，新任里長決定由里內自己承擔資源回收工作，朱淑霞帶著志工們轉往貴興路華興里社區繼續推動環保，並集資七十萬元購買第一輛環保車。

朱淑霞表示，仁愛新村當時回收資源的盛況空前，結合家庭主婦利用打牌的雙手做環保，場景仍歷歷在目，轉眼二十八年已過，參與的成員之一王楊璧玲，不僅見證一路走來的點點滴滴，後來也受證為慈濟委員。

仁愛新村環保點結束後，羅黃淑貞一時之間找不到適當的地點，就利用住家旁空地做環保，邀約妯娌及左鄰右舍一起參加。加上原在仁愛里的環保志工也來響應，十幾人就在忠孝里一起做起環保來。

期間，回收的種類和數量與日俱增，卻因空間腹地狹窄，人、車進出不方便。某天夜裏，堆疊的回收物因不明原因遭祝融肆虐，羅黃淑貞徹夜祈求，希望災害能減到最低，否則日後不僅無法繼續做環保，對左右鄰居也難以交代。

幸而火勢漸漸被控制，隔壁的油桶未被波及，火災毀損未傷害屋子結構，只有牆面被燻得焦黑，重新粉刷即可恢復原貌。這個臨時環保點做了兩年多光景，最後不得不另覓他處。

一九九六年，趙陳素梅因房客不再續租，就主動提供自家房子作為回收資源場地。趙陳素梅表示，大家一起做環保，時間一到，各自回家；有時屋內回收資源眾多，自己一個人依然繼續做，並不覺得辛苦，也樂在其中。曾有鄰居見她做得如此著迷，紛紛請問她回收資源一個月可以賺多少錢？她如實告知，只是在保護地球，做愛心賺功德財。

此後倒垃圾時間一到，趙陳素梅逢人就說環保，分享做環保不僅可以掃除心中無明煩惱，對子孫好也對身體好，又可以救地球，讓垃圾變黃金，所得捐給大愛臺，一股清流傳送全世界，就如助印一本經書，如此功德或許比助印經書更無量。

後來，左右鄰居紛紛參與，大家都做得滿心歡喜；環保站宛如一個大家庭，趙陳素梅因體恤環保志工的辛勞，經常出資提供美味可口的午餐、涼水結緣，供大家享用。

趙陳素梅讚歎朱淑霞很會帶領及關懷環保志工，固定每個星期三晚上在她家二樓，以慈濟歌曲教導手語。志工們從練習手語獲得成就感，吸引更多人來學習並投入環保，甚至進一步受證成為慈濟委員。

二〇〇二年環保站再度搬家，覓得板橋忠孝路現址，租賃空間狹小，房屋簡陋到一碰牆壁隨即掉落物件的尷尬處境。朱淑霞及羅黃淑貞一如往昔注入心血經營，有人一天沒出現，就會主動打電話關懷，深怕老人家身體出狀況或發生意外。

忠孝環保站主責志工從朱淑霞、羅黃淑貞，傳承給蘇玲鈺、鄭有、鐘切，到如今的李蘭、林麗卿等人，無不勞心勞力地付出，並號召大家出錢出力整修，讓原先老舊的環境，變得寬廣舒適，深獲大家讚賞與喜愛。

平時是星期一開放到星期五，但是彈性調整，有時甚至假日、過年都沒休息。環保站溫馨和樂，大家相處起來無罣礙；也因此當別區都在做大型回收時，板橋區還是保有小型環保站特色。

每星期二、五在後埔區街頭，可看到李張桂英穿著慈濟志工背

▲ 朱淑霞為參訪環保站的小朋友解說如何做環保分類。（攝影／胡月雲）

心，推著手推車的身影。簡易的手推車從悅喜飯店出來，載著滿滿的寶特瓶和可回收資源，推向忠孝環保站。

曾經寶特瓶沒綁好，在路邊翻車兩、三次，散落一地；也曾經遇到刮大風的日子，滿車的回收物，被強風吹落於路旁。「當下只想趕快撿拾起來放回紙箱，還好不是在十字路口。」李張桂英說：「剛開始在路上推車做環保的時候，想到上人那句靜思語『做就對了』，別想不好意思，就繼續做下去。」

李蘭表示，從在趙陳素梅家開始做環保，她就加入，後來搬到忠孝環保站，還是繼續做；如今她已年近八十，還承擔環保和氣幹事。「每天就是看頭看尾，都已經是ＬＫＫ的年齡，可以做環保救地球、蔭子孫，期許能有年輕人來接棒，讓環保能延續下去。」

攝影／楊麗淑

■忠孝環保站

地址：新北市板橋區忠孝路24巷26號

開放時間：週一至週五／上午8:00～12:00

深入部落——卓蘭環保站

李百合

卓蘭環保站經過多次搬遷，因緣具足下才有現在的場所，最早的環保種子是吳金英，本職水泥工，從聽到證嚴法師的《渡》錄音帶後，開始做慈濟。一九九七年起，他有感於工地中有用的廢料隨意棄置，非常可惜和浪費，就開始把這些鐵絲、角鐵、鐵條、鐵釘、水泥紙袋等蒐集起來，在自家屋簷下設了一個簡易環保點。

兩位志工聞訊來幫忙，收集到一定數量就打電話請回收商來載，再交代他把賣出所得捐給慈濟。約莫做了一年，移到住家對面的露天空地。

接著回收物愈來愈多，恰巧住家附近有一塊空地，就請志工一同到地主家商量租借。

地主詹益義是卓蘭國小的退休老師，他的兒子詹東憲很爽快地答應，只是言明無法租用太久。此後大家相約每週六下午，一同到環保站做資源回收。人多力量大，多人多福氣，最多時有二十五位志工一起參加。

二〇〇四年因地主另有他用，必須重新再覓他處，找了許多地方，地點好的又不租，可以租的又太遠。

因緣不可思議，一星期後，邱梅香與先生陳忠鈞詢問到方金定，得知方金定的先生曾文吟、江阿平的先生劉萬來及內灣的吳森田，三人在卓蘭往食水坑的興南路上擁有一塊地閒置不用，方金定便請先生去說服另兩位合夥人，租借土地做環保站。

曾文吟二話不說，當晚便積極向兩位合夥人解說慈濟環保理念，大家欣然同意租借，讓這個慈濟志工不超過二十人的小鎮，有了一個九十坪的環保站，承擔起接引地球園丁的使命。

退休後的詹侯阿粟及李馮素娥，非常熱愛這份工作，把它當作每日的晨間運動，除了颱風豪雨外，每日凌晨就來做環保，還有許許多多的志工，只要不是農忙期，都會抽空來到環保站。

方金定自費製作看板，掛在環保站大門口，以「慈悲喜捨」為標頭，寫道：「慈心養性做環保，悲憫恆心耕福田，喜放身段護大愛，捨己度眾學如來。」印證了慈濟環保護大地的理念，得以真實地貫徹與實踐。

有了一間可以耕福田的場域，應該是皆大歡喜，無憂無慮做環保，不料好事多磨，十幾年來沒水也沒電，廢電器也只能手工拆解，費時耗力成效又不佳，很多可以回收再利用的資材，無法處理變成無用。後來與隔壁經營農園的園主溝通，園主歡欣同意讓志工接電線借電。

說到水更是艱辛，早先邱學林會開著小貨車，車上載一個大桶子裝水，再引到環保站的水塔。後來因緣不具足，載水的任務停擺了。黃秀春一直擔憂著這件事，想法子修改鐵皮屋簷的溝槽，才順利收集雨水作沖洗瓶罐之用。

日益增多的回收物，需要更多的水，不能只靠收集雨水，黃秀春推著兩輪車載了四個空桶，到離環保站兩百公尺的水溝裝水。瘦小的她先把空桶放入溝中讓水位升高，再把水舀入桶內，裝滿後使盡力氣，再慢慢地推回環保站。

一切都是最好的安排，卓蘭區環保志工一直湧現出來，原本只有一輛車到士林部落載寶特瓶，現在增到兩輛，原本要提水，現在有志工布施時間把水載來，真的是龍天護法來庇佑。

詹見足在兩年前突然中風，導致一手一腳無法使力，躺在病床上無法動。出院後在家休養了三個月，身體漸漸康復，手日益有力可以舉高，腳拄著枴杖可以走遠。上天給了她這門功課，她要努力把功課完成。

生病後農園出租，先生照顧她，孝順的兒子也請了一位外籍看護，三人每天面面相對。詹見足認為這不是她要過的生活，而且環保站離家很近，就帶著先生和外傭，三人每天一早用完餐，就步行到環保站去做回收。詹見足覺得以前健康的感覺又回來了，更令人歡喜的是多了兩位環保志工。

到環保站做環保就是最好的復健，詹見足的先生患有黃斑部病變，不會痊癒只要不惡化就是最好的，家裏的農事根本使不上力，閒閒沒事做簡直是日子難過。現在「婦唱夫隨」，陪著太太到環保站做環保兼復健；出乎意料的是，這一做做上了癮，比太太做得更認真更用心。

苗栗縣泰安鄉士林村蘇魯部落也有四顆環保種子，他們是姊、弟兩對夫妻檔，弟弟吳維邦先前在臺中太平區上班，和太太已投入當地環保，三年前退休回到故里，做個快樂農夫，也把環保福田帶

▲ 鄒麗芳（左一）和吳維邦夫婦（中），是泰安鄉士林村蘇魯部落的環保種子。（攝影／詹德詮）

回社區耕耘，進而影響了姊姊鄒麗芳夫婦。

鄒麗芳在蘇魯部落經營雜貨店，樂善好施的她受到感召，也開始從自身做起，在家附近有一塊空地，準備好各類籃子，讓社區居民來此分類回收，較遠的地方就準備網子讓其掛在門口，社區的老老少少受感動而跟進一起來愛大地，守護社區。

回收物滿了就開車從士林載到卓蘭環保站。先生以為她收集的資源會載去賣，結果是去送給慈濟，生氣不再幫忙，經過鄒麗芳耐心開導，現在不僅一起歡喜做環保，也成為幕後功臣。大家忙著載回收及上課共修時，他就在家顧店做生意和綑綁紙箱整理回收物。

這四顆環保種子在地發芽了，甚至拓點到更遠的大安部落、永安部落，種子發芽了就要讓它茁壯成長，在地環保化是必要的。在部落成立環保站，帶動社區的族人，一同擔起保護大地的使命。

■卓蘭環保站

攝影／詹德詮

地址：苗栗縣卓蘭鎮新厝里興南路

開放時間：週六／上午6:00～10:00

工業區中——俊英環保站

陳淑絨

一九九六年六月十四日，證嚴法師在板橋體育館，第一百場「幸福人生講座」中，鼓勵人人將心中的愛發揮出來，利益社會。當天體育館座無虛席，陳玉碷坐在臺下，聽到法師的呼籲，內心無比感動，她決定把時間、精神投入慈濟，力行環保愛護地球，減少環境的汙染。

回到社區，她主動找到周春花，跟著她做環保，到新莊五股工業區載回收，做資源分類。

二〇〇一年有一天，陳玉碷騎車經過住家附近俊英街一六〇巷，發現有人在做環保，下車詢問，才知是陳玉梅和人合租三個車位，每個星期二在這裏做環保，於是也跟著一起投入。

「好好的老闆娘不做，你給我到外面去撿垃圾，朋友都打電話來問我，你們是不是經濟有困難？」就算是先生厲聲責問與外人異樣的眼光，陳玉�不曾間斷初發心。

「有的人把尿布、廚餘、垃圾摻雜在塑膠裏一起丟棄，打開來一股不好聞的味道撲鼻而來。」陳玉碙不避諱髒臭，仍堅定做環保的信念。

小型環保點位於巷弄轉角處，空間狹小，來往的車輛多，影響到環保志工進出的安危。

下雨天又是另一番考驗，那時候樹林區大型環保日，都在樹林國小對面的小塊空地進行，酷暑寒冬，沒有一個遮風蔽雨的地方，非常辛苦！

陳玉碙默默許下心願，無論如何一定要排除萬難，為這群不在乎付出時間、體力的環保志工，尋找一個空間寬敞，能阻擋風雨侵襲的場地。

二〇〇七年四月底，樹林區志工開會提議尋找環保點，陳玉碿租出去的廠房剛好準備搬遷，她決定將三百坪的廠房空出來設立環保站。

陳玉碿每天早上七點到環保站，開始一天的例行工作。她先到市場採買食材，再親自下廚準備午餐；她說「民以食為天」，一定要先顧好志工的肚子，才有體力好做事。陳玉碿擅長烹飪，燒了一手好菜，時常會做一些可口小點心來慰勞大家，笑容可掬、溫言暖語的身行，贏得眾人的讚賞。

她體恤志工的辛勞，總是在背後默默地支持，打理環保站所有的事務，茶水、點心一樣不缺，像桶箍箍緊了大家的心。大約晚上七點，她才離開環保站返家。

陳玉碿感念呂賜錄、余勝義、簡再發、李文欽、彭滿昌、賴麗雀、楊阿夏等幾位志同道合志工的幫忙，他們為了帶動環保理念，積極在俊英環保站用心投入。

為了接引更多人，發揮「地盡其用，人盡其才」功能，俊英環保站陸續於二〇一一年，成立家用電腦維修網路班，開辦心素食儀班、推動讀書會。

「在慈濟，她教會我好多事，所以我都叫她老闆，她待人真的很隨和、很親切。」楊阿夏說，她在女兒罹癌期間，仍像往常到環保站，「不能讓玉磪知道，因為她人太好了，她自己的事情已經夠多了，我不能再讓她為我操心。」兩人相知相惜，長時間培養出來的情感如同姊妹，楊阿夏相信這是緣分也是她的福分。

陳玉磪坦言在慈濟自己學到很多，感恩師父開闢這塊福田，讓更多人同行做環保，貢獻心力來清淨大地。

二〇一三年為解決財務困境，陳玉磪百般無奈決定將廠房賣掉，但她希望買主是慈濟人、能夠讓俊英環保站繼續運作，透過鄭明基熱心傳達，陳仁惠願意圓滿陳玉磘的心願。

「那時上人正積極提倡『環保救地球，垃圾變黃金』，為實踐上人心願，所以我就把陳玉磘的廠房買下，因為若是讓別人買走，環保站就沒有辦法再繼續經營了。」陳仁惠說道。

依約定信守承諾，陳仁惠進一步規畫環保站的空間，他去參觀內湖、關渡和三重的環保站，採用5S管理步驟：整理、整頓、清掃、清潔、素養這五項原則，開始進行拆建。日夜趕工下，一個月內完成整修，讓環保站成為一個安全、空氣流通、光線明亮、動線流暢的場地。

俊英環保站的空間狹長，可進行回收分類的場地約九十坪，環保站每天大量資源進進出出，在運作上其實相當不方便。經過重整，志工裝設天車吊太空包，上貨、卸貨十分方便，可以在很短的時間完成，省時又省力。

▲ 環保站成立電腦班、推動讀書會，並開辦心素食儀班推廣素食料理，吸引更多人來參與。（攝影／洪鎮雄）

二〇二〇年一月，彭妃惠又重新整頓環保站，包括內部規畫，一樓有廚房、用餐區、拆解區、資源回收區、寶特瓶區、塑膠袋回收區，同時保留兩個車位，方便兩部環保車停放。

彭妃惠表示，環保站是雜物充斥的場地，容易孳生蟑螂、蚊蟲、老鼠，考量廚房是照顧志工健康的地方，因此她使用收納盒，不僅使空間簡潔，取用物品也一目了然；增設餐具消毒機，讓大家吃得健康又安心；更新排油煙機，趕走油煙瘴氣，打造空氣清新的廚房，才不會有臭油煙味。另外設置志工用餐區，環保站大多是上了年紀的長者，讓他們在午餐時，能安心享用美味佳餚。

經過一次次貼心改造，俊英環保果如其名，來到這裏的志工體能付出後，也能有一個安全舒適的休息空間。

攝影／洪鎮雄

■俊英環保站

地址：新北市樹林區俊英街116巷53號

開放時間：週一至週六／上午8:00～下午2:30

週二、週五／晚上6:30～8:30

週日／上午8:00～11:00

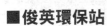

籃球場後方──正德環保站

黃淑惠

一九九〇年，證嚴法師開始提倡環保行動，李節子得知後便把這樣的想法跟志工們分享，當年度淡水區就開始進行環保回收工作。最早期是在淡水沙崙里黃淑霞的住家角落進行，另一個大站是楊金倫家樓下。

當時負責環保回收相關事務的沈惠賢一直在思考，志工這麼有心，但長期在街坊做環保也不是辦法，想要找一個合適的地方，把這群愛做環保的人集合在一起。

因緣就是如此巧妙，隨著臺灣民眾對於環保推動的重視，二〇〇四年五月當時的正德國中校長張經昆，也認為環保教育要向下扎根，於是接受沈惠賢的提案，提供籃球場旁一塊約六十坪的場地給慈濟，帶動社區民眾及正德國中的學生一起做環保。

這個小小的空間，十六年來提供學校及社區民眾將回收物品拿來分類整理，一來配合政府推動垃圾減量、資源回收政策，二來教育學生惜福愛物的精神與實踐。

這裏已成為淡江大學、正德國中、新市國小等各級學校師生，還有社區民眾學習環保分類的基地；另外，淡江大學也鼓勵學生，前來環保站體驗實做課程。

多年來，正德國中的學生，依原訂時間將瓶瓶罐罐，以及不再使用的課本、作業簿，悉數拿到環保站來；每班有數名環保尖兵協助志工，孩子們就在「做中學」，「克勤克儉」的善念，無形中已種植在他們心田。

正德環保站成立後，「站長」施火生每天準時開門、關門，如今已高齡八十八的他，依舊承擔起環保站管家的職務，總是第一個來，最後一個走。

環保站裏的大小事務，像洗手套、整理垃圾等工作，他都默默地做。

在還沒有正德環保站之前，慈濟人已經在街頭推動環保，回收後在志工的住家樓下或是門口分類。因此這一群環保娘子軍，像沈惠賢、楊金倫等人，後來也成為正德環保站的重要支柱。

沈惠賢一九九二年加入慈濟，剛開始是繳善款，但她一直想找尋生命的意義。問了李慈秋：「除了捐錢，還有沒有什麼事可以付出？」李慈秋告訴她，淡水區要開始推動環保，見她長得細皮嫩肉，還忍不住提醒說：「做環保很辛苦，豔陽天也要做回收呢，你願意嗎？」

沈惠賢急於找到生命意義，想到證嚴法師曾經說過，女人要當男人用，男人要當超人用。在做環保的過程中，她不怕辛苦，學會開環保車，感受到生命的充實，她表示環保路會一直走下去。

沈惠賢也分享，在環保站要學會如何去配合，每個人都有我執、我見，要學會怎麼跟人家相處，「常聽上人講的話，做上人要我們做的事，好的話放心上，壞的話不要往心裏面去，要把是非當教育、人事當磨練。」

楊金倫個子小小的，但她總有超人般的工作體力，協助環保站每天供應中餐。楊金倫說：「一來是考量到男眾志工每天到外面收環保，很需要體力，東西搬上、搬下很辛苦，如果回到環保站還沒有中餐吃，實在太對不起他們。再加上，每天也有很多志工來做環保，如果提供中餐一起吃，就像大家庭一起用餐很溫馨。像我們回到家，也會想要有一頓熱騰騰的飯菜吃，感覺『食輪轉』，法輪也會轉。」

楊金倫也分享：「一些老菩薩在家裏，年輕人都去上班了，來環保站就像『輕安居』一樣。在家裏如果媳婦沒上班，兩個人還要眼對眼，不如來這邊有老朋友可以話家常。志工做了半天環保後，用完餐回家，休息或睡個午覺起來，馬上一天就快過去了，日子可以過得很愜意。」

楊清松認為，一個環保站要經營得好，首先男眾志工肯願意出來承擔，因為男眾比較有力氣，大型或粗重的東西由男眾來搬。以前楊清松有五十肩、網球肘，常常要去推拿，總是被推得唉唉叫；後來心想花錢挨痛，不如去做環保。

投入環保後，常需要將回收物丟上、丟下，說也奇怪，就像復健一樣，楊清松的五十肩竟然好了。現在如果有朋友受五十肩之苦，他就會跟他們說：「簡單啊，來啦！來做環保試試看！」

盧欽鍊是由沈惠賢接引進來，他回憶早期沈惠賢很「大面神（大剌剌不拘小節）」，街頭巷尾看到貨車就攔下來說：「菩薩，我們很需要車子，有些東西需要載，可以幫我們服務嗎？」當時就

▲ 大家一起做環保，減少垃圾又愛護地球，還有讀書會可以參加，真是修福又修慧。（攝影／淡水人文真善美志工）

是被她的誠意感動，才投入環保。

盧欽鍊以前菸、酒、賭樣樣會，踏入慈濟後，以感恩及懺悔的心做環保。他每週固定到天生及文化國小載回收，十多年如一日，全心投入環保後，他表示家業、事業、志業都很圓滿。

洪光榮一開始是拄著枴杖進入環保站的，沒想到做著做著，兩個月後，竟然可以不用枴杖了，而且在環保站愈做愈歡喜。

正德國中環保站，是少數真正在校園裏，對學生直接發揮教育功能的環保站，讓慈濟的環保理念與教育體系更緊密結合。

證嚴法師曾經提及，感恩正德國中歷任校長提供地點，讓此地的居民集中此處做好事。學校是傳授知識、增長智慧的教育殿堂；環保站是保護大地、造福付出的修行道場，大家一起福慧雙修。

攝影／淡水人文真善美志工

■**正德環保站**

地址：新北市淡水區北新路109號

開放時間：每天／上午7:00～下午4:00

輯四

笑瞇瞇，呷百二

勤奮第一名——康許等

周怡呈

二〇二〇年，新冠肺炎疫情，社會掀起一波波倒閉浪潮，在各產業哀鴻遍野之際，新北市蘆洲地區，高齡九十一歲的康許等，竟然也在煩惱，自己會不會失業？

上午九點半，康許等穿著粉紅棉T，搭配運動長褲，手腳俐落地上了兒子康峻賓的機車。從大馬路拐進巷弄裏，離家約十五分鐘的車程，就是她每天熟悉的「上班」路線。不若其他年輕人，對工作總是提不起勁，康許等一抵達目的地，安全帽都還來不及脫，已經踏著輕快腳步，滿臉笑容地走進她最愛的職場——蘆洲環保站。

「阿母，早。」「早安，您今日比較早喔！」看見康許等到來，環保站的志工們熱情招呼著。回想起康許等剛從彰化老家搬來臺北時，這裏的人對她還陌生，曾經因為沒人招呼，還起了小彆扭，偷偷跟兒子說：「臺北人好冷漠，沒趣味！」

時過境遷，現在環保站就像她第二個家。只見她三、兩下就把空籃子擺好，一手將待處理的塑膠袋拉到右側，動作一氣呵成就定位。直到這時，她才甘願脫下安全帽，坐下喘口氣。

「這是PP、這是OPP，我一摸就知道。」這幾年，因為推廣「減塑」行動，偶爾塑膠袋回收少，康許等就會自動找事做，拆卡帶、拆寶特瓶蓋環，來者不拒，因為她說：「會怕失業，怕沒有環保可以做。」

其實早期，康許等是在廢紙區做分類。二〇一二年，蘆洲環保站決定回收塑膠袋時，從市場蒐集而來的回收物裏，不僅有飲料杯、塑膠碗等垃圾摻雜其中，甚至還黏有檳榔渣、口香糖，髒亂情形與現今宣導過後的樣貌，不可同日而語。在眾人不知道該推派誰處理時，康許等第一個跳出來承擔。

「她說，你帶回來沒關係，我什麼事都可以做，我聽了真的好感動。」葉金珠回憶道。有時候冬天，看到康許等努力清洗的背影，實在捨不得，加上她為了分類塑膠袋，皮膚嚴重過敏，出現紅疹、潰爛，治療了好一陣子，後來才改處理比較乾淨的服飾包裝袋，直到現在。

「我做事（務農）人，我彰化人耶！」問康許等怎麼不怕髒？她語帶驕傲，回了這句話，實實在在展現了骨子裏，農家子弟的堅毅與刻苦。這背後故事，要先把時光拉回到一九三〇年……

出生在彰化貧寒農家，康許等身為長女，九歲就得跟著大人到田裏幫忙，倒肥料、砍甘蔗，都是些粗重活；那時，還沒推行義務教育，更別說要供女孩子讀書，難如登天，童年就是在賺錢、養家中度過。

她二十歲出嫁，夫家經濟並不寬裕，生下三男五女後，生活更捉襟見肘。「小時候常常要去向鄰居借米，中午這餐吃完後，下一餐的米，在哪裏都還不知道。」四子康峻賓娓娓道來。他說，小學朝會時，老師喊，沒繳學費的站起來，偌大操場上，放眼望去，都能看到自家兄弟姊妹的身影，日子是這樣苦熬過來的。

無奈，當兒女各自長大成人，本該是含飴弄孫的享福時刻，六女兒罹患骨癌，從發病到過世，短短幾個月便撒手人寰，留下三名稚子。全家陷入愁雲慘霧，更別說康許等要承受白髮人送黑髮人的悲慟。

「她就一直幻覺到處都是蟲，不管是門還是哪個地方，連東西都不敢吃……」大女兒康旬難過回憶。好長一段日子，康許等失眠、食不下嚥，精神狀況不佳，子女緊急帶著媽媽到臺北，求醫、問神，仰賴藥物穩定病情。

當丈夫一如往常忙於農事，某天，住在附近的姪女特來邀約，一同前往剛蓋好的慈濟彰化靜思堂做福田志工，不喜外出的康許等難得地答應。而這一步，不但讓她跨出家門，更走出心中的陰霾。

因緣際會下，姪女又帶著她加入環保站，雖然每週只有一次回收日，康許等幾乎不缺席，投入手邊工作、跟鄰居閒話家常，心靈終得安慰，臉上露出久違的笑容。幾年之後，當丈夫往生，子女不放心她獨自在家，便接來臺北同住，繼續她的環保之路。

「人家一年三百六十五天做環保，我是一年三百六十六天。」十三年前的除夕夜，團聚圍爐時刻，康許等卻心繫環保站，擔心回收物堆積太多，在女兒陪同下，一直做到天快亮才罷休，做環保，硬生生多了別人一天。

如果在環保站上班，需要打卡，康許等絕對能獲頒全勤獎。行程二十年如一日，由兩個兒子輪流接送，從上午九點多，一路做到下午三點半才返家。

▲ 有人問，撿這些回收要做什麼？康許等說：「要救地球啊」、「要給師父去救人。」（攝影／余國維）

在環保站裏，有慈濟人陪伴，子女更放心，沈麗華就是其中一位。「阿母啊，記得起來上廁所，不要又忘記了。」她時不時得回頭提醒，因為康許等好幾次做得太投入，認真到忘記站起來走動。

「有時候，我們想要幫她提籃子，她都說不要。」同在塑膠袋分類區的李金蕊，在一旁補充：「她不喜歡麻煩別人。」

不但獨立，康許等也不愛出門趴趴走，除了做環保，唯二興趣，就是看大愛電視臺。曾經看到新聞報導，海地大地震死傷嚴重，她立刻捐錢、捐消費券，說是要拿去給師父救人。這幾年，女兒還為媽媽圓滿榮董，康許等說：「我這裏免用錢，老人沒賺錢，要加減做，要手心向下，幫助人。」

多次在歲末祝福上，遇見證嚴法師，法師輕輕叮嚀：「外面冷，要穿暖一點。」康許等謹記在心，每天環保站報到，不忘到志工那兒量血壓，照顧好自己的健康，就是她對師父最好的承諾。

最溫暖的依靠——楊必卿

吳秀玲

「我已經九十一歲了，但我時時刻刻告訴自己，精神不能老化，更要安定心念，來提升精神能量，壽命自然會延續。明天雖然不可預知，但是我們可以善用今天……」二〇二〇年八月，楊必卿在花蓮慈濟醫院的志工早會上，和大家分享他的健康祕訣，鏗鏘有力的話語，為他的長壽做了最佳註解，不僅引發共鳴，更贏得大家的讚賞。

八十四歲高齡才進入慈濟的楊必卿，他待人謙恭有禮、處事勇猛精進，是大家口中尊稱的「楊爸爸」，一位令人不愛也難的長者；而對楊必卿來說，加入慈濟是他此生最大的幸福！

「接引父母同行菩薩道，是回報父母恩的最佳方式。」楊麗真把退休後的爸爸引領進了慈濟大家庭，在她和志工們的經驗傳承中，楊必卿虛心學習。

緣深不怕緣來得遲，受證後的楊必卿舉凡社區公祭、助念、活動宣導、勤務……總樂於配合。而證嚴法師致力推動的環保志業，他拳拳服膺，從早期借用臺南監理站停車場的大回收日，到現今的人和環保站，處處都有他做環保的身影。

「人一定要敬天愛地，要心懷感恩，心中有愛，自會滋潤其心。」楊必卿以他的人生閱歷，對疼惜大地、珍愛萬物的環保情，更是心有所感。所以他發自內心一點一滴用心於當下，就如在玻璃瓶分類區裏，他說：「回收的瓶子不但要分顏色、清理，拔起來的瓶蓋也要再依鋁、鐵、塑膠不同材質分開。」又如五花八門的分類區，也常見他來來回回忙著歸類，「紙類、塑膠袋區，便當盒、寶特瓶……」分門別類區分回收物，一點都難不倒他，「這些只要把它分好，廠商再回收製造就都是資源。」化無用為有用、物命再造的善循環，不僅契合他的心，也讓他忘卻年齡而樂在其中。

「上人『以人為本，以病為師』的醫療志業，身為弟子的我們有責任要盡心盡力護持。」因著這分使命，楊必卿除了做環保，也把醫療志工當成本分事，雙月到花蓮慈院，單月就到大林慈院，做為期一星期的志工。

「楊爸爸道心堅定、處處與人為善，言行合一，集智慧、慈悲於一身，站出來不僅是慈濟人的典範，更可以給見習、培訓的學員們一個學習的方向。」吳瑞清說起當年邀請楊必卿擔任培育幹事的緣由。

二〇二〇年九月十八日，楊麗真帶著爸爸和弟、妹來到高雄靜思堂，參與實業家「靜思人文饗宴」生活營，父女倆承擔隊輔的工作，陪伴學員一整天。只見楊必卿精神奕奕地帶領小隊學員進、出班，腰桿挺直地跟著大家一同上課，當大家知道他的高齡，總會露出難以置信的神情，連番比「讚！」

楊必卿做得歡喜，還告訴楊麗真：「這麼有意義的活動，以後我們都要參加。」而小女兒楊麗玫也因此行從中感受到慈濟人文的真與善，回來後主動報名參加見習。菩薩道上能與家人同行齊耕耘，是楊必卿心底最大的安慰。

楊必卿受的是日式教育，一九四三年小學畢業，便考取臺灣製糖株式會社，以培養科技人員的養成所，他一邊讀書一邊工作，日治時期，聰慧又進取的他深受師長的栽培和重視。一九四五年臺灣光復，改組為臺灣省糖業試驗所，楊必卿刻苦自學，外語和英文打字樣樣精通，延續著植物細胞的研究工作，培育經濟作物甘蔗的菌種，是一位育種專家。盡責專業的他，在光復初期困頓的年代，國家經濟倚賴製糖外銷，他有著功不可沒的貢獻。

「我真的很感恩我的太太，要不是她，年輕的時候幫我打理整

▲ 楊必卿（右一，推車者）除了做環保，也常參與醫療志工服務。（攝影／胡文崇）

個家、教育小孩，讓我專心研究，現在更支持我做慈濟，我才能走這麼長遠的路。」楊必卿二十七歲結婚，婚後育有五個子女，傳統賢慧的楊媽媽以夫為天，讓楊必卿無後顧之憂，樸實的家風育兒有成，如今孩子們在不同的領域裏都各有一片天。

自二〇一四年六月人和環保站啟動與靜思精舍連線，每日的「晨鐘起薰法香」，求法若渴的楊必卿清早就開著車來到環保站裏，因他深知只有聞法，才能貼近師父的心，才能自度度人。

點點滴滴的聞法筆記他工整地編列成冊，保存珍視。楊必卿文學造詣頗深，有著文人性格，至今還是常用他那剛勁瀟脫的字跡，抄錄重點寫心得，將心中的法喜與感動一字一句躍於紙上，集結成冊，並樂於與人分享。

二〇一六年證嚴法師行腳來到臺南，與弟子溫馨座談。楊必卿虔誠恭敬地感恩頂禮法師：「感恩上人給我智慧和健康。」法師牽起他的手輕輕地說：「你很精進又健康，要繼續！」這分彌足珍貴的師徒情緣，他感動銘心永誌不忘。

「每個星期日晚上七點半，我都歡喜參加社區讀書會，聽師兄師姊分享上人的法，每次我都是最早報到的學員。」楊必卿從二〇一一年開始參加社區讀書會，妻子總會伴著他一同來上課。慈藹善良的楊媽媽從中了解慈濟，跟著簽下「遺體捐贈志願書」。

二〇二〇年五月，楊媽媽身體不適入院，第三天竟撒手人寰。摯愛的妻子走得突然，楊必卿沒有驚慌失措，多年的佛法薰陶，使他明白：「人敵不過自然法則，該走的時候就要走。」一聲聲佛號中，楊必卿平靜地送妻子到花蓮慈濟大學完成大體捐贈的程序。

他把深深的思念化為永恆祝福，盼望自己將來也能如願；善用此身做「無語良師」，跟妻子一樣用大捨畫下圓滿句點。他要將此生發揮得淋漓盡致，讓大愛永恆不退。

快樂士官長——何修林

羅倩惠、藍明姮

清晨六點鐘，一位婦人熟悉的動作旋轉著方向盤，在龍潭鄉中豐路五三三巷內的龍潭環保站門口停車，停了一會兒就離開了。這時環保站內，走進來一位白髮蒼蒼的長者。

「師兄、師姊，早！」長者以爽朗的聲音問候著大家。「何師兄早！」所有正在忙碌的志工聽到問候，也同時歡喜回應著。何修林在太太的支持下，每次一到環保日，必定由太太專車載到龍潭環保站做回收分類。

這一天，何修林一樣來到環保站，走到了定點，與往常一樣，手開始不停歇地將回收資源分類。「寶特瓶要丟這裏、鋁箔包要丟那裏」，做著做著，他慢慢地思憶起當初離開家的情形，以及進入慈濟的因緣。

一九四四年，十九歲的何修林，本是很快樂、很悠閒地與同學在河邊抓魚，豈知政府突如其來的抓兵動作，硬是將他與同學帶至軍中當兵。到了部隊，被編組在第八隊，從最基礎的二等兵開始做起，在那兒不愁吃也不愁住，編隊後就開始行軍，當時背著六十斤的米，走了三天三夜到達四川梁山。

無緣無故被抓來當兵，何修林雖有怨言，但部隊中凡事講求紀律，長官一個口令就是一個動作，在軍中訓練下，造就出他後來隨和服從的個性。

二十二歲時離開了父母與土生土長的故鄉——四川，隨著政府軍隊來到臺灣，之後跟著部隊在金門和臺灣駐紮，兩年交替一次，過著規律的軍中生活。

年少離家渴望有個屬於自己的家的何修林，四十五歲那年在朋友嫂嫂的牽引下，南下到北港後溝里相親。姻緣真的是冥冥中註定的，原來的女主角正巧有事外出，某個機緣下，碰到如今妻子的爸爸，未來岳父對何修林的印象非常好，積極促成了這一樁婚姻。隔年八月，何修林和妻子蔡沂庭完成婚姻大事。

一九七七年九月，部隊長官允許他不用臺灣、金門兩地奔波，可以在臺灣與家人相處在一起了。一九八三年二月一日以士官長身分光榮退伍，結束了四十年的軍旅生涯，當時他已五十八歲。

軍中退伍後，曾經在好幾家工廠上班。工作之餘，何修林喜歡獨自騎著鐵馬馳騁於山邊田野間，享受寧靜的鄉村生活，有時一出去就是大半天，讓家裏人連個人影都找不到。

一九九九年，七十四歲的何修林有一天經過慈濟環保站，看到一群人在大太陽底下，低著頭、汗流浹背地做資源回收工作，好奇心的驅使下，他不禁停下來觀察。他發現大家雖然汗水直流，但是臉上還是掛著滿足的笑容，當下何修林有了一股念頭，要加入他們的行列。

「我可不可以跟著你們一起做啊？」何修林有點靦腆地問，「可以啊！歡迎！歡迎！」慈濟志工莊世英熱烈地表示著，從此每個月固定第二週日的環保日，一定會看到何修林埋首其中做分類，偶有抬頭與志工們話家常、分享心得。

「何師兄，累了就到陰涼的地方休息喔！」莊世英親切地說。「不會累！我可以做。」何修林滿臉笑容，言談中時而聽到他爽朗的笑聲。家住龍潭，後來得知靠近陸軍總部附近有環保點，何修林也去做，雖然已經七十五歲，但體力一點兒也不輸年輕人，跟著環保車去收回收、疊回收物，生龍活虎的他很有活力。

二〇〇八年龍潭環保站成立，他更開心了！生活中有重心，每天踏實過，太太支持，每天開車載他做環保，她說：「他去做環保就笑嘻嘻，不然在家碎碎念。」何修林嘴角上揚笑呵呵地說：「做環保很好玩、很快樂，東扯葫蘆西扯瓢（四川諺語），師兄、師姊人多做得高興，又可以聊天，一點不會覺得累。」

「做環保，沒煩惱，身體健康，快樂好！」是何修林二十年來做環保的心得，他用閩南語念出來，又帶著四川口音，常常逗得身邊的人呵呵笑。

位於巷弄中的龍潭環保站，安靜中偶爾傳出敲打東西的聲音，陽光灑在一群環保志工花白的頭髮上閃閃發亮，有的低頭分類、有的洗塑膠袋，何修林、羅瀚鵬研究著怎麼處理回收的瓦斯爐，「你說的對，就這樣好了。」大家都習慣了何修林的四川鄉音，一起把環保拆解任務完成。

「環保很重要，不然這麼多垃圾怎麼辦？是大家一定要做的。」何修林很嚴肅地說：「累，沒關係的，睡一覺就好了！」他認為做環保最大的收穫是身體健康、每天都快樂。證嚴法師說的

▲ 何修林身手矯健，體力一點也不輸年輕人，爬上貨車斗堆疊回收物。（攝影／劉江漢）

「甘願做，歡喜受」，是他最喜歡的一句話，時常掛在嘴邊。遇到不如意或是身心俱疲，就會用這句話來激勵自己，每每受用無窮。因此，他常常告訴自己是自願要承擔志工的任務，就算是遇到了困境，也要以歡喜的心來面對，並把這些困境，當作是一種藉事練心、修身養性的機會。

九十五歲的他，仍然來環保站報到。但最近血壓有點高，醫師囑咐他在家休息兩個星期，只見他有點鬱鬱寡歡地說：「奇怪？怎麼會這樣呢？我以前都不會這樣？」志工們安慰他沒有關係，聽醫師的話吃藥多休息，心情放輕鬆，每天散步走走，血壓穩定了就可以再回去做環保。

聽了志工們給他的祝福後，他這才又點點頭、露出招牌笑容。

歌子戲老頑童——許丕德

許斐莉

臺北中和員山路有位家喻戶曉的長者許丕德，今年九十六歲了，每天早上都可以看見他從二樓的家下樓梯，走到對街的早餐店，幫自己和老伴買份早餐。年紀這麼大了，身體還這麼硬朗，街坊鄰居莫不印象深刻。

不管天氣如何，阿公總喜歡穿件薄薄的咖啡色棉襖，拿把傘當枴杖就出門了。從自家走到巷口，照樣一個人走，不需要人陪，隨手招輛計程車就上車。他的目的地是慈濟的雙和立業環保教育站，但去環保站之前，他要先到環保站隔壁的印刷廠，他么兒的家。

「阿公快上車！」許丕德攔到的計程車司機也常載到他，「他都會先去兒子的工廠，再去慈濟的環保站啦！」司機這麼說。同時，阿公已經開始跟他用印尼話聊天了，「Lu mana pergi.（你要去哪裏？）」計程車搖身一變成為印尼語教室，逢人就講印尼話，因為阿公曾經在南洋工作過十三年。

誕生在炮火隆隆的年代，「小金門那時候還在實施『單打，雙不打』的政策，很貧窮，也不平靜。」許丕德的么兒許績源訴說童年在小金門生活的歲月。

許家祖傳在小金門有個歌子戲班，許丕德在父親過世後接手戲班子，每年都到大金門巡演，很受歡迎。他津津樂道於這一段過往，還現場唱了一個段子，並示範小生、老生、旦角的身段該怎麼比畫。

然而小金門的生活太困苦，婚後沒多久，長女出生還不到半歲，許丕德就在鄉親的邀約下前往南洋工作，遊歷新加坡、印尼、馬來西亞、汶萊等地，一待就是十三年。

問他當時在那裏做什麼？「做工啊！」事實上，南洋的日子也很辛苦，許丕德沒有賺到多少錢，卻賺到了視野，還學會了印尼話。然而，當時在小金門，因為通訊不發達，許太太苦等不到丈夫消息，十分憂慮，在奔走鄉里後打聽到丈夫近況，遂籌了一筆錢，讓先生回到故鄉。

「爸爸回來之後，我們就開始在市場做麵，生活也很辛苦。」長子許福茂說。但是許丕德生性樂觀開朗，喜歡交朋友，當時金門是國軍重要駐守的地點，他運用自己祖傳的「妙手」廣結善緣。「爸爸那時候都會幫人推拿，阿兵哥啦、鄰居啦、任何人來找他，他全都不收錢。」次子許福全回憶道。

許家後來搬遷來到臺灣，許丕德的兒女們各自努力白手起家，如今在中和都有了穩定的事業與家業。

許丕德雖然年紀大了，依然不改年輕時喜歡遊歷四方的習慣，三不五時就會跟人出門去玩，有時自己包計程車，有時跟團搭遊覽車，老人家生活多采多姿固然好，但卻有一事讓兒女有點煩惱。

「因為他個性很好相處，又很好說話，人家叫他買什麼他就買，而且一次都買很多。有一次，他買了好幾袋玉米，誰有辦法吃那麼多呢？」次子許福全說。

幸好許家兒女都跟慈濟有因緣，在長女的提醒下，許丕德的晚年有了另一個去處。

「因為小弟是慈濟會員，跟慈濟有接觸，我們就想，小弟家隔壁就是慈濟的環保站，不如把爸爸送去環保站做環保。」次子許福全說。

於是，許丕德每天早上就從家裏搭計程車到么兒的印刷廠，等八點環保站開始前，再由印刷廠員工騎摩托車載到轉角的環保站。

「爸爸很喜歡去環保站，有時候六點鐘來我這裏，他就急著要去，我跟他說人家八點才開，等一下啦！」么兒許績源笑道。

▲ 一生不畏探險、喜歡四處遊歷的許丕德，晚年逛入了慈濟的環保站，繼續廣結善緣。（攝影／許斐莉）

賴少姜說，環保站有很多七、八十歲的長者，年紀最大的就是許丕德，「他的精氣神看起來都很好，看不出來已經九十六歲了！而且總是笑容可掬。」

考量他的年紀與體力，賴少姜安排阿公到回收紙類的區域負責撕紙。八十幾歲的吳王波說，因為阿公不會分「花的還是白的紙」，所以必須先幫他分好，才能讓他做。「我們如果幫他準備好，他就會一直撕一直撕，我跟他說阿公你要喝水，他才會喝水。不然他就會一直做。」吳王波說。

「Lu mana pergi.（你要去哪裏？）」「Saya mau makan nasi.（我要去吃飯。）」阿公一邊有力地撕紙，還不忘教人講印尼話。閒談之間，最愛聊的，還是他在小金門帶歌子戲班，還有去南洋打工的個人輝煌史。「如果天氣較熱，大約十點他就會想要回去了，有時候會等吃完點心再回去。」洪秀暖說。

到環保站可以講古，又有事情可以做，還會有慈濟人醫會志工來帶動健康操，讓阿公可以當眾表演歌子戲的身段，真的是比出門旅遊更好玩。「有時候下雨天他也要來，甚至颱風天，環保站沒開，他還是吵著說要來。」次子許福全笑說。

一生不畏探險，喜歡四處遊歷的許丕德，晚年就這麼逛入了慈濟的環保站，繼續廣結善緣。至於父親何以能如此長壽？么兒許續源認為，「應該是他很開朗樂觀，愛交朋友的關係。」次子許福全則認為，父親從年輕時就在默默行善，免費幫人推拿，還常常免費維修巷子的電線，或許因此累積了不少福報。

是因緣讓戰地之子流浪南洋，又從金門來到臺灣，最後落腳慈濟環保站，許丕德晚年的舞臺、朋友與支持都在慈濟獲得了圓滿。

化阻力為助力——黃蔡寬

紀淑貞

俗語說：「人生七十才開始。」黃蔡寬即是最佳印證。父親早逝的黃蔡寬，母親靠著打臨時工、鳳梨織布等，撫養他們兄弟姊妹成年，但黃蔡寬從不屈就命運安排，反而憑著一股強韌的毅力考取助產士執照。

生命的考驗不斷對她提出試煉，婚後，短短十二年美滿幸福的家庭生活，黃蔡寬又被迫接受先生離世的事實。堅強的她面對四個年幼的孩子，同時扮演嚴父以及慈母的角色，靠著助產士的專長婉拒資助，獨自養育兒女長大成人，直至子女陸續成家立業。

一九七九年，六十一歲的黃蔡寬結束了前半生的辛勞。退休後，整整有十年時間，孝順的兒女讓她毫無掛慮地環遊世界，此時，她成了人人稱羨的「好命人」。

由於江金發的牽引，黃蔡寬認識了慈濟，就在七十歲這一年，再度改寫了她晚年的人生劇本。

一九九〇年，正是臺灣經濟起飛的年代，民眾消費力增加，隨之而來的則是大量垃圾問題，政府只能興建更多掩埋場和焚化爐，來解決燃眉之急。路邊處處可見隨手丟棄的垃圾，證嚴法師於是呼籲：「用鼓掌的雙手做環保。」然而，這簡短的一句話，卻深植在黃蔡寬心版上，她把感動化為行動，從住家附近街頭巷尾開始，鎮日拉著買菜用的兩輪菜籃，撿拾垃圾資源回家開始分類。

「哎喲！阿寬姊，你是遇到什麼困難嗎？怎麼會撿這些在賣？」民風純樸的鄉下，街坊好友的「關心」，時常淪為茶餘飯後的話題。

左鄰右舍的關心，讓向來堅強好勝的黃蔡寬，除了覺得很不好意思之外，更有些招架不住！但她又想到這是「做好事」，而且證嚴法師也說過：「對的事，做就對了！」於是乎念頭一轉，黃蔡寬決定繼續做下去。

或許是前半段人生庸庸碌碌為家庭、為生活，因此，黃蔡寬似乎不曾想過還有什麼是人生真正想做的事，直到遇見慈濟，黃蔡寬透過環保，慢慢地找到一件可以為自己、為地球，開創非凡人生的新目標。關於慈濟，她總有股相見恨晚的感覺，所以更加積極地投入環保。

向來就有運動習慣的黃蔡寬，清晨四點鐘就會出門到八卦山運動。對她而言，可以一邊運動一邊做環保，是一件再快樂也不過的事情！好比臺灣有句俚語「一兼二顧，摸蜊仔兼洗褲」。

黃蔡寬在腳踏車後座綁上籃子，騎到定點後，拿起籃子再步行上山。步道邊處處都是登山者隨手亂丟的垃圾，站在設置步道邊的垃圾桶前，她忍不住嘀咕著：「真沒公德心，明明就有垃圾桶，為什麼要亂丟？」面對這個滿到溢出來的「寶藏桶」，她不嫌髒惡地伸手翻攪，拿出瓶瓶罐罐等可回收容器和一大堆廢棄紙張。

有一次，當黃蔡寬彎腰聚精會神尋寶時，耳邊突然傳來：「阿婆！您真辛苦，我這裏有六百元，給您啦！」這位太太突如其來的「善舉」，令她哭笑不得。「不用啦！我生活沒有欠缺，是做功德，交給慈濟去行善，救濟有需要幫助的人。」垃圾撿回家後，她集中分類，再賣給資源回收場，將所得「專款專用」詳實記錄在本子上，再捐贈給慈濟。

山頂上廣場，有跳著土風舞的人、唱卡拉ＯＫ的民眾。她心裏想，以前的我也是其中之一，生活在世俗眼中的「好命人」。現在付出後的這分歡喜和踏實，是以前未曾擁有過的自在。

「阿婆，這些給您，您就不用撿得這麼辛苦了！」或許是他們看到黃蔡寬白髮蒼蒼的模樣，卻還在「撿破爛」，於是心生不忍，就將家裏的回收物品拎過來。

黃蔡寬雖然牢記著證嚴法師所說「做環保」，但在缺乏環保意識的年代，「做環保」與「撿垃圾」時常被畫上等號，為此，黃蔡寬的家人常被冠上莫須有的「不孝」罪名。

「卡桑！慈濟有其他工作可以做，不要再去撿垃圾好嗎？隔壁鄰居議論紛紛，會說我不孝耶！」一旁神情肅穆的兒子央求著。

「沒關係！這些錢是用來幫助困苦的人，不是放在自己的口袋，是在做好事，別人怎麼說、說什麼都沒關係！」知道兒子滿腹委屈，黃蔡寬微微笑，輕拍他的肩膀，盡是心疼與不捨地說：「人在做天在看，你們兄弟姊妹、媳婦，每個人都這麼孝順，卡桑心裏明白。」

母子兩人互知彼此個性，既然黃蔡寬心意堅定，再多的反對也無濟於事，面對含辛茹苦養育他們的卡桑，兒女們最終選擇在背後

▲ 從誤解到護持，鄰居主動將回收資源送到黃蔡寬家，方便她在自家騎樓與走廊進行資源分類。（攝影／邱祥山）

默默支持她，讓她去做她想做的事。

對的事，果然值得堅持，隨著政府推動環保理念在社會風行，街頭巷尾的鄰居漸漸明白慈濟在做的好事，紛紛幫忙撿回收物，再拿到黃蔡寬的家。每當夜幕低垂，黃蔡寬就利用騎樓和走廊的空間，進行資源分類，完成當日來自各處的愛心。

小小一個舉動和一個單純的心念，無形中也連帶感動了左鄰右舍，這對黃蔡寬來說，可是一分無比的助力。「做環保」就是「做好事」，不知不覺能帶動大家一起愛護地球。黃蔡寬露出笑容大聲說：「做環保，身體好，沒煩惱。」

黃蔡寬恪守證嚴法師的教導，不懂科技產品的她，九十二歲開始學習使用電子書，自行上傳勸募款項，不論晨起薰法香、訪視或醫療志工等，都能看見她的身影。至今，一百零二歲的她，依然固定每週二到環保站做環保，日復一日從不缺席。

散發溫柔馨香——黃張蘭花

許斐莉

慈濟邁入環保三十年，在全臺灣上萬名環保志工中，年歲最長的是黃張蘭花，她出生於一九一二年十一月十一日，身分證上的出生日期晚了一年，實際年紀為一百零九歲。她在一百零三歲跌倒後，各方面功能逐漸退化，多數時候都臥床休息，也幾乎不再開口說話。

黃張蘭花的一生跌宕坎坷，四歲時進入黃家成為童養媳，八歲開始操持家務，一天要煮五頓飯，小小年紀就須扛起龐大家業。阿嬤的長女黃美枝回憶，「媽媽四歲時就在桃園南崁趕鴨子，舅媽有次去河邊看到，哭著回家告訴外婆，趕快把她帶回來啦！不然等大水一來，被水沖走就找不到人了。」

與黃張蘭花情同母女的謝張清美說，黃家有段時間家境不錯，落腳臺北市的中山北路「三條通」，經營進口摩托車零件生意，在美軍駐臺時代做得有聲有色。可惜後來因為先生為朋友作保，被龐大債務拖垮，不得不斷尾求生，舉家搬遷到社子。「媽媽那時為了養家，會一大早去扛芭樂到市場賣。」黃美枝說。

即使生活困苦，黃張蘭花依然慷慨大度，接納小叔一家人同住，「爸爸一肩扛起小叔兒女的生活與教育費用，媽媽都無怨無悔。」一家和萬事興，直到今日，小叔一家對黃張蘭花的感恩之情未曾稍減，每年都會相約來為阿嬤慶生，家族和樂融融。

黃美枝總是說，「等我開始工作，媽媽的日子才比較好過。」或許是一路走來，看盡母親所受的苦，黃美枝事母至孝，每天中午一定搭公車來探望母親，親自餵食中餐，耐心地用剪刀將食物剪得極碎，餵完一碗飯才離開。如此侍奉年邁母親，數十年如一日。

長壽者總需習慣為親友送別，黃張蘭花育有二男二女，長子與次子、長媳、先生皆已過世。目前與曾孫同住，另有外籍看護貼身照顧，加上慈濟的法親關懷，日子並不孤單。「一百零三歲，她跌倒前都還能自己照顧生活起居，又很樂觀好相處。」詹惠琴說。

或許是因為畢生受盡拖磨，黃張蘭花早已習慣面對生命中的苦難。黃美枝說，「媽媽早年因為月子沒坐好，造成子宮下垂，部分組織脫垂到體外，她竟然可以忍耐不抱怨，直到六十歲時被我發現才就醫，割除子宮，解除長達四十幾年的折磨。」

也或許因為生活中的磨難甚多，黃張蘭花接觸佛法的因緣甚早，她喜歡聽經聞法，接觸寺廟。七十歲那年因為甲狀腺腫大要開刀，在黃美枝的勸說下，於手術前開始吃素，至今茹素已四十年。

此時，黃張蘭花成為證嚴法師弟子的因緣也逐漸成熟了，九十一歲時終於接觸慈濟。接引母女倆的陳玉瓶回憶，「當時我們天母的人文班剛成立，因為我跟美枝是第一銀行的同事，就邀請美枝帶媽媽一起來參加我們的人文讀書班。」

經常主持讀書會的翁雪慧也回憶，阿嬤每次都由女兒陪著一起來，安靜地坐在那邊聆聽，「慈眼視眾生，她就像是我們這個大家庭的長者，可以把好幾代的感情兜在一起。」

「她一點也不像一百歲的老人家。」林淑真說，阿嬤身體非常健朗，非常和氣，任何活動的配合度都很高，是大家的寶。

黃張蘭花後來也在張謝清美的接引下，開始做環保。「我跟她說，做環保身體會很健康耶，您要不要一起來？她就說好。」於是，黃張蘭花從九十一歲到一百零三歲皆活躍於文林北路中正高中附近的文林環保站。每次去都是由女兒接送，喬治皮鞋老闆娘謝林瑛彩也會一起做環保。

黃張蘭花的環保工作以處理寶特瓶居多。有時也會在巷子裏回收資源，在家裏整理好後，請計程車載去關渡或文林環保站，都

▲ 天母社區人文讀書班學員黃張蘭花（中），將百歲生日壽桃分送大家。（攝影／黃莉美）

是自費這麼做，無怨無悔。她每天早上還會在自家附近的捷運站運動，順便帶一塊抹布擦擦捷運站出口旁的石椅。曾經有人問她為何要這麼做，她說，「把椅子擦乾淨，這樣人家要坐才可以坐。」

黃張蘭花一百零二歲時，大愛臺《草根菩提》節目前來拍攝她的故事，證嚴法師看到了，便要主持人陳夙雰帶她來見面。於是，黃張蘭花就在那年歲末祝福到關渡拜見法師，那是第一次，此後總共三次，包括髖關節手術後，林淑真都全程陪伴阿嬤親見她心心念念的師父，直到阿嬤一百零五歲以後逐漸退化。然而證嚴法師已經多次在開示時提到黃張蘭花的懿行，說她「活到老還是一樣服務人群，還是不停歇，這就是生命價值。」

黃張蘭花在一百零三歲時因跌倒傷及髖關節，手術雖然成功，但可能因為生活有看護照顧，反而各方面都漸漸退化。如今，多數時間在休養，醒著的時候都看大愛臺；她一天可以持誦「阿彌陀佛」佛號六萬遍，就算在客廳睡著了，手上的佛珠還是掛著。

「阿嬤只要一聽到電視裏出現上人的聲音，她就會張開眼睛。」詹惠琴說，她就是這樣對證嚴法師充滿虔敬心。

二〇二〇年七月下旬，靜思精舍的德禪師父與德法師父前來探視黃張蘭花，她那天的精神特別好，全程緊握住德禪師父的手，以為是證嚴法師來了，不斷地說，「我看到師父好歡喜！」「我看師父精神很好，我好高興。」當德禪師父送給她精舍的念佛機時，重聽的她更是聚精會神地把耳朵豎起，緊緊靠近念佛機，仔細聆聽裏面傳出來的證嚴法師開示的聲音。

黃張蘭花從童養媳、老闆娘、賣芭樂的攤販到老實做環保的老菩薩，在她超過百年的曲折人生裏，從沒丟失行善的心。當那一顆顆善種子慢慢發芽，終究在晚年綻放出朵朵春花，散發著溫柔的馨香與善良的能量，潛移默化著後生晚輩。

國家圖書館出版品預行編目（CIP）資料

咱厝 徵人啟事／沈玉蓮等作；陳玫君主編 — 初版
臺北市：經典雜誌，慈濟傳播人文志業基金會，2020.11
380 面；14.5×21 公分
ISBN 978-986-99577-4-8（平裝）
1. 志工 2. 通俗作品
547.16　　109016923

人文系列 036

咱厝 徵人啟事

發 行 人／釋證嚴
慈濟人文志業執行長／王端正
平面媒體總監／王志宏
作　　者／沈玉蓮、洪乃文、張裔芳、王育慧、謝昀珊、邱泓宸
許麗珠、潘瑜華、黃怡慈、陳秀貴、王鳳娥、蔡藜旭
陳麗英、黃淑真、羅月美、張如容、陳清香、黃麗珠
曾修宜、李美儒、汪奇諭、蕭惠玲、林慧石、温寶琴
陳惠真、陳春淑、張美智、謝秀完、洪綺伶、郭寶禪
羅秀妗、黃月仙、吳美貞、沈瑛芳、郭惠菁、黃瓊玉
李盈寬、江宜蓁、劉秀觀、袁淑珍、吳宥霖、李百合
陳淑絨、黃淑惠、周怡呈、吳秀玲、羅倩惠、藍明姮
許斐莉、紀淑貞
主　　編／陳玫君　特約編輯／吟詩賦
執行編輯／涂慶鐘　校對志工／高怡蘋
美術指導／邱宇陞　美術設計／Chlo
出 版 者／經典雜誌　財團法人慈濟傳播人文志業基金會
112019臺北市北投區立德路2號
編輯部電話／02-28989000分機2065
客服專線／02-28989991
客服傳真／02-28989993
劃撥帳號／19924552　　戶名／經典雜誌
印　　製／新豪華製版印刷股份有限公司
經 銷 商／聯合發行股份有限公司
231028新北市新店區寶橋路235巷6弄6號2樓
02-29178022
出版日期／2020年11月初版一刷
定　　價／新臺幣320元

慈
TZUCHI

集

FZUCHI